SVĚT KARAMELOVÉ ŠÍLENĚ

100 dekadentních dezertů a slaných jídel s karamelovou dobrotou

Irena Lukešová

Materiál chráněný autorským právem ©2024

Všechna práva vyhrazena

Žádná část této knihy nesmí být použita nebo přenášena v jakékoli formě nebo jakýmikoli prostředky bez řádného písemného souhlasu vydavatele a vlastníka autorských práv, s výjimkou krátkých citací použitých v recenzi . Tato kniha by neměla být považována za náhradu lékařských, právních nebo jiných odborných rad.

OBSAH

OBSAH 3
ÚVOD 6
KARAMELOVÉ SNÍDANĚ 7
   1. Lepkavé housky s karamelovým ořechem 8
   2. Karamelizovaná cibulka a Gruyère brioche dort 10
   3. Karamelové banánové palačinky 12
   4. Oříšková pekanová karamelová brioška 14
   5. Palačinky plněné karamelem 16
   6. Drunken S'more Pop Tarts 18
   7. Karamelový francouzský toastový kastrol 21
   8. Karamelová jablečná ovesná kaše 23
   9. Karamelový banán Smoothie Bowl 25
   10. Caramel Macchiato Overnight Oves 27
   11. Karamelový spirálový kávový dort 29
   12. Karamelizované banánové palačinky 31
   13. Karamelizované koláčky z hrušek a ořechů 33
   14. Karamelizovaný banánový chléb 35
   15. Karamelové jablko skořicové rolky 37
   16. Karamelizovaná banánová snídaně Quinoa 39
   17. Lepkavé housky s karamelovým ořechem 41
KARAMELOVÉ SNACKY 44
   18. Karamelový popcorn 45
   19. Čokoládové polštářky se slaným karamelem 47
   20. Churros plněné karamelem 49
   21. Směs karamelových kuželek 52
   22. Makarony se slaným karamelem 54
   23. Karamelové ořechové sandies 57
   24. Biscoff karamelové sušenky 60
   25. Slané karamelové a citronové madeleiny 62
   26. Slané karamelové jablko křupavé pamlsky 65
   27. se slaným karamelem a pekanovou rýží 68
   28. Blondies ze slaného karamelu 71
   29. Soufflé se slaným karamelovým popcornem 73
   30. Preclíky s karamelem a čokoládou 76
   31. Karamelové plátky jablka 78
   32. Karamelový rýžový koláč 80
   33. Karamelové plněné datle 82
   34. Karamelové preclíkové tyčinky 84
DEZERT 86
   35. Cadbury karamelový tvarohový koláč 87

36. Jablečně-karamelový dort naruby 89
37. Karamelové vanilkové espresso košíčky 92
38. Čokoládová a karamelová pěna tiramisu 95
39. Snicker karamelový jablečný koláč 98
40. Karamelové popcorn extravaganza cupcakes 101
41. Slaný karamel a ořech Dacquoise 104
42. Jablečný koláč se slaným karamelem 109
43. Klasický francouzský Crème au Caramel 112
44. Turecký oříškový karamelový rýžový nákyp 115
45. Karamelová Macchiato Mousse 117
46. Pomerančové Bavarois s karamelem 119
47. Rozmarýnový karamelový hrnec de Crème 122
48. Tiramisu Flan 124
49. Vaflové poháry s karamelovou omáčkou 126
50. Banana Karamelový krém Crêpes 128
51. Sendviče s ořechovou a karamelovou zmrzlinou 131
52. Spálený karamelový bourbon a karamelová zmrzlina 133
53. Karamelové macchiato Affogato 136
54. Karamelové gelato 138
55. Rolovaná zmrzlina Coconut – Cajeta 140
56. Dulce De Leche Baileys Pops 142
57. Karamelové čokoládové Éclairs 144
58. Kávové karamelové zrcadlo glazované Éclairs 146
59. Pekanový karamel Éclairs 149
60. Jablečné soufflé se slanou karamelovou omáčkou 152
61. Magnolia Caramel Bundt dort 155
62. Karamelový dort Macchiato Tres Leches 158
63. Tostada Sundae s kávovo-karamelovou omáčkou 161
64. Švýcarská karamelová roláda 163
65. Káva-karamelová švýcarská rolka 165

BONBÓN **168**

66. Guinness Karamely Se Slanými Arašídy 169
67. Máslové rumové karamely 171
68. Espresso likér karamely 173
69. Cappuccino karamely 176
70. Slané whisky karamely 178
71. Kokosové karamelové shluky 180
72. Karamelová jablková lízátka 182
73. Shluky karamelových ořechů 184
74. Karamel Marshmallow Pops 186

KOŘENÍ **188**

75. Ganache se slaným karamelem 189
76. Karamelová poleva 191

77. Karamelizovaná ganache z bílé čokolády 193
78. Karamelová omáčka Dalgona 195
79. Marakuja karamelová omáčka 197
80. Kahlua karamelová omáčka 199
81. Karamelová pekanová omáčka 201
82. Kávovo-karamelová omáčka 203
83. Mandarinková karamelová omáčka 205
84. Nebeská karamelová omáčka 207
85. Karamelové jablečné máslo 209
86. Džem z karamelizované cibule 211
87. Karamelová BBQ omáčka 213
88. Karamelizovaný fíkový džem 215

K OKTEJLY A MOCKTAILY 217

89. Dalgona karamelové Frappuccino 218
90. Slané karamelové bílé horké kakao 220
91. Koktejl Baileys se slaným karamelem Martini 222
92. Spálený karamel Manhattan 224
93. Karamelové jablko Martini 226
94. Karamelová bílá ruská 228
95. Karamelové espresso Martini 230
96. Soda se slaným karamelem 232
97. Karamelizovaný ananasový rumový punč 234
98. Karamelové mocha Martini 236
99. Mojito z karamelizované hrušky 238
100. Karamelová jablečná prskavka 240

ZÁVĚR 242

ÚVOD

Vstupte do "SVĚT KARAMELOVÉ ŠÍLENĚ", kde se sladkost snoubí se sofistikovaností v symfonii chutí. Karamel svou bohatou, máslovou chutí a neodolatelnou vůní uchvacuje chuťové buňky po celém světě již po staletí. V této kuchařce vás zveme k prozkoumání nekonečných možností karamelu se 100 dekadentními dezerty a slanými pokrmy, které uspokojí vaše chutě a podnítí vaši kulinářskou fantazii.

Od sametových karamelových omáček po mazlavé pochoutky plněné karamelem, od pikantních karamelově glazovaných mas po lahodné koktejly s karamelem – v této kolekci si každý najde něco. Ať už jste ostřílený pekař, vášnivý domácí kuchař nebo prostě někdo, kdo má chuť na sladké, "SVĚT KARAMELOVÉ ŠÍLENĚ" slibuje, že potěší vaše smysly a pozvedne vaše vaření do nových výšin.

Ale karamel je víc než jen sladký požitek – je to kulinářský zázrak, který každému pokrmu dodá hloubku, bohatost a složitost. V této kuchařce prozkoumáme umění karamelizace, vědu o cukru a nekonečné způsoby, jakými může karamel vylepšit sladké i slané recepty. Ať už jím polijete zmrzlinu, skládáte do těsta na dort nebo s ním glazujete pečené kuře, karamel má tu moc proměnit obyčejná jídla v nevšední kulinářské zážitky.

Takže , ať už slavíte speciální příležitost, pořádáte večeři nebo si prostě dopřáváte trochu požitku, "SVĚT KARAMELOVÉ ŠÍLENĚ" vás zve, abyste si v každém soustu vychutnali kouzlo karamelu.

KARAMELOVÉ SNÍDANĚ

1. Lepkavé housky s karamelovým ořechem

SLOŽENÍ:
- 1 balení chlazeného půlměsícového těsta
- 1/4 šálku karamelové omáčky
- 1/4 šálku nasekaných pekanových ořechů
- 1/4 šálku hnědého cukru
- 2 lžíce másla, rozpuštěného

INSTRUKCE:
a) Předehřejte troubu na 375 °F (190 °C). Vymažte formu na muffiny.
b) Půlměsícové těsto rozvineme a rozdělíme na trojúhelníky.
c) Každý trojúhelník potřeme rozpuštěným máslem.
d) Každý trojúhelník posypeme hnědým cukrem a nasekanými pekanovými ořechy.
e) Srolujte každý trojúhelník počínaje širokým koncem, abyste vytvořili rolku půlměsíce.
f) Každou srolovanou rolku vložíme do vymazané formy na muffiny.
g) Vršek každé rolky pokapejte karamelovou omáčkou.
h) Pečte v předehřáté troubě 12-15 minut nebo do zlatohněda.
i) Před podáváním nechte lepivé housky mírně vychladnout.

2. Karamelizovaná cibulka a gruyère brioche dort

SLOŽENÍ:
- 3 ¼ šálků univerzální mouky
- ¼ šálku cukru
- 1 lžička soli
- 1 balíček aktivního sušeného droždí
- ½ šálku teplého mléka
- 3 velká vejce
- ½ šálku nesoleného másla, změkčeného
- 2 velké cibule, nakrájené na tenké plátky a zkaramelizované
- 1 šálek strouhaného sýra Gruyère

INSTRUKCE:
a) Smícháme teplé mléko a droždí a necháme zpěnit.

b) Smíchejte mouku, cukr a sůl. Přidejte kváskovou směs, vejce a změklé máslo. Hněteme do hladka.

c) Jemně vmíchejte karamelizovanou cibuli a nastrouhaný sýr Gruyère.

d) Necháme vykynout, vyválíme těsto a dáme do formy na koláč.

e) Nechte znovu vykynout a poté pečte při 375 °F (190 °C) po dobu 30-35 minut.

3.Karamelové banánové palačinky

SLOŽENÍ:
- 1 hrnek univerzální mouky
- 1 lžíce cukru
- 1 lžička prášku do pečiva
- 1/2 lžičky jedlé sody
- 1/4 lžičky soli
- 1 šálek podmáslí
- 1 vejce
- 2 lžíce rozpuštěného másla
- 2 zralé banány, nakrájené na plátky
- Karamelová omáčka na zálivku

INSTRUKCE:
a) V míse smíchejte mouku, cukr, prášek do pečiva, jedlou sodu a sůl.
b) V jiné míse prošlehejte podmáslí, vejce a rozpuštěné máslo.
c) Nalijte mokré ingredience do suchých a míchejte, dokud se nespojí.
d) Rozehřejte pánev nebo pánev na střední teplotu a lehce namažte máslem nebo sprejem na vaření.
e) Na každou palačinku nalijte 1/4 šálku těsta na pánev.
f) Na každou palačinku položte několik plátků banánu.
g) Vařte, dokud se na povrchu nevytvoří bublinky, poté otočte a vařte do zlatova.
h) Palačinky podávejte s karamelovou omáčkou pokapané navrchu.

4. Oříšková pekanová karamelová brioška

SLOŽENÍ:

- ½ šálku mléka
- 5 vajec
- ⅓ šálku cukru
- 3 ½ šálků univerzální mouky
- 1 ½ lžičky aktivního sušeného droždí
- ½ lžičky soli
- 1 šálek nasekaných pekanových ořechů
- 1 šálek mraženého másla, nakrájeného na kostičky
- ½ šálku karamelové omáčky
- 1 vejce (na polevu)

INSTRUKCE:

a) V pekárně smíchejte mléko, vejce, cukr, mouku, droždí a sůl.
b) Po počátečním hnětení přidáme na kostičky nakrájené mražené máslo.
c) Nechte pekárnu dokončit cyklus těsta.
d) Těsto vyndejte, zabalte do kuchyňské fólie a dejte přes noc do lednice.
e) Před pečením necháme těsto 1 hodinu odpočívat na teplém místě.
f) Těsto rozdělte na 12 stejných dílů.
g) Velké porce těsta tvarujte do koulí a dejte je do máslem vymazaných košíčků na košíčky.
h) Do těsta vmícháme nasekané pekanové ořechy.
i) Z těsta vytvarujte 12 porcí a dejte je do máslem vymazaných košíčků na cupcaky.
j) Stiskněte střed každé velké koule, abyste vytvořili prohloubení.
k) Naplňte prohlubeň kapkou karamelové omáčky.
l) Přikryjeme utěrkou a necháme ještě hodinu kynout.
m) Předehřejte troubu na 350 °F (180 °C).
n) Rozklepněte vejce a povrch každé briošky potřete rozmýšleným vejcem.
o) Pečte 15–20 minut nebo dozlatova.
p) Ořechovou pekanovou karamelovou briošku ochlaďte na mřížce.

5.Palačinky plněné karamelem

SLOŽENÍ:
- 1 šálek mléka
- 1 šálek mouky
- 4 lžíce karamelu
- 2 lžíce másla
- 1 lžíce cukru
- 2 vejce

INSTRUKCE:
a) Ve střední misce smíchejte všechny ingredience kromě karamelu, dokud se důkladně nepromíchají.
b) Zahřejte pánev nebo pánev na střední teplotu. Nalijte ¼ šálku těsta na pánev.
c) Do středu palačinky dejte malé množství karamelu a zalijte dalším těstem.
d) Vařte do zlatova, přibližně 2-3 minuty z každé strany.

6. Drunken S'more Pop Tarts

SLOŽENÍ:
NA ČOKOLÁDOVÉ KARAMELOVÉ BOURBON POP TARTS:
- 2 krabice koláčové kůry
- 2 čokoládové tyčinky Hershey
- 2 šálky karamelové omáčky (koupené v obchodě nebo domácí)
- 1 polévková lžíce bourbonu
- 1 vejce
- 1 polévková lžíce vody

NA POP TART MARSHMALLOW GLAZE:
- ¼ šálku moučkového cukru
- 2 vrchovaté šálky marshmallows (přibližně 20 marshmallows běžné velikosti)
- ¼ šálku plnotučného mléka

INSTRUKCE:

a) Předehřejte troubu na 450 stupňů a vyložte plech pečicím papírem. Dát stranou.

b) koláčové kůry rozválejte a vytvořte obdélníky na dorty. Z jednoho plátu koláčové kůrky vygenerujte 4 obdélníky, celkem 8 obdélníků na krabici. Zaměřte se na celkem 16 obdélníků (nebo sudé číslo). Obdélníky dejte stranou.

c) Vytvořte bourbon karamelovou omáčku přidáním 1 polévkové lžíce bourbonu do dvou šálků karamelové omáčky. Dobře promíchejte, aby se zapracoval, upravte množství bourbonu podle preferencí.

d) Sestavte umístěním 8 obdélníků na plech. Přidejte 4 obdélníky čokoládové tyčinky a doplňte lžící karamelové omáčky.

e) Umístěte zbývajících 8 obdélníků na náplň a zatlačte kolem okrajů vidličkou, aby se koláčky uzavřely. Připravte si výplach z vajec tak, že rozklepnete jedno vejce do misky, přidáte lžíci vody a prošleháte.

f) Před vložením dortíků do trouby na přibližně 8 minut potřete vršky rozšlehaným vejcem.

g) Vyjměte z trouby, zakryjte zvlněné okraje alobalem a pečte další 2 minuty, dokud nejsou vršky zlatavě hnědé. Dortíky nechte vychladnout na mřížce.

h) Zatímco se dortíky pečou, připravte si polevu. V misce vhodné do mikrovlnné trouby smíchejte mléko a marshmallows, vařte v mikrovlnné troubě asi 30 sekund. Míchejte do hladka. Je-li třeba, dejte do mikrovlnné trouby v 15sekundových intervalech, dokud se úplně nerozpustí.

i) Vmíchejte moučkový cukr, dokud se nespojí. Dát stranou.

j) Jakmile jsou dortíky hotové , polijte je polevou a posypte čokoládovými hoblinkami. Užijte si nádherné popové koláče Drunken S'more!

7. Karamelový francouzský toastový kastrol

SLOŽENÍ:
- 1 bochník francouzského chleba, nakrájený na plátky
- 4 vejce
- 1 šálek mléka
- 1 lžička vanilkového extraktu
- 1/2 šálku karamelové omáčky
- 1/2 šálku nasekaných pekanových ořechů (volitelně)
- Moučkový cukr na posypání

INSTRUKCE:
a) Předehřejte troubu na 350 °F (175 °C). Vymažte zapékací mísu o rozměrech 9 x 13 palců.
b) Nakrájený francouzský chléb rozložte do připraveného pekáčku.
c) V míse prošlehejte vejce, mléko a vanilkový extrakt.
d) Nalijte vaječnou směs na plátky chleba a ujistěte se, že každý plátek je obalený .
e) Plátky chleba pokapejte karamelovou omáčkou a pokud používáte, posypte nasekanými pekanovými ořechy.
f) Pečte v předehřáté troubě 30–35 minut, nebo dokud francouzský toast nezezlátne a neztuhne.
g) Podávejte teplé, případně posypané moučkovým cukrem.

8. Karamelová jablečná ovesná kaše

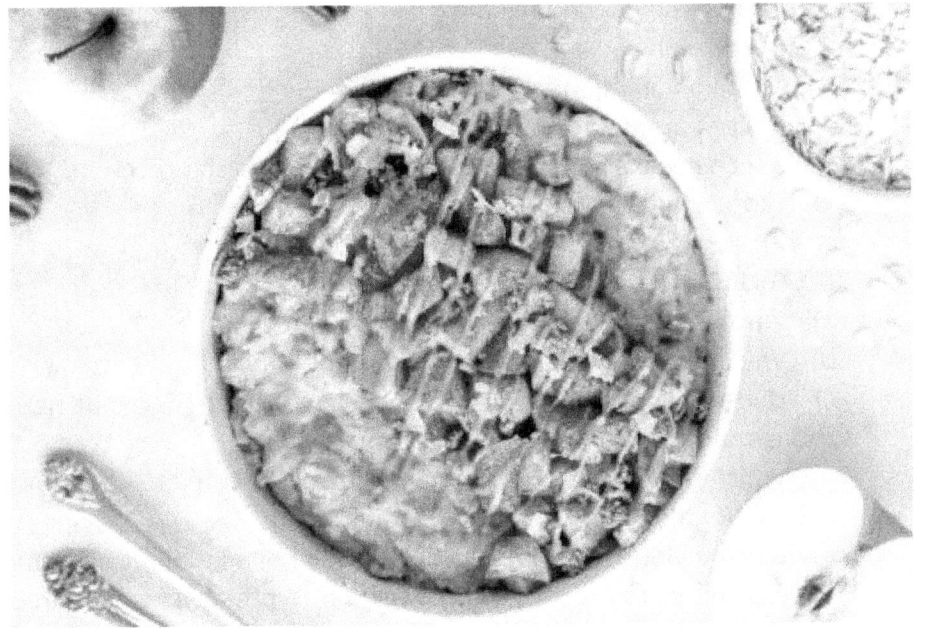

SLOŽENÍ:
- 1 šálek staromódního ovsa
- 2 šálky vody nebo mléka
- Špetka soli
- 1 jablko, nakrájené na kostičky
- 2 lžíce karamelové omáčky
- 2 lžíce nasekaných pekanových nebo vlašských ořechů
- Skořice (volitelné)

INSTRUKCE:
a) V hrnci přiveďte vodu nebo mléko k varu.
b) Vmíchejte oves a sůl, poté snižte teplotu na středně nízkou.
c) Ovesné vločky vařte za občasného míchání asi 5 minut nebo do zhoustnutí.
d) Vmíchejte na kostičky nakrájené jablko a pokračujte ve vaření další 2-3 minuty, nebo dokud jablko nezměkne.
e) Ovesné vločky stáhněte z plotny a vmíchejte karamelovou omáčku.
f) Ovesné vločky rozdělte do misek a posypte nasekanými ořechy a podle chuti špetkou skořice.
g) Podávejte horké a vychutnejte si karamelově jablečnou ovesnou kaši!

9. Karamelový banán Smoothie Bowl

SLOŽENÍ:
- 2 zralé banány, zmrazené
- 1/2 šálku řeckého jogurtu
- 1/4 šálku čokoládového mléka
- 2 lžíce karamelové omáčky
- Poleva: nakrájené banány, granola, sekané ořechy, pokapaná karamelovou omáčkou

INSTRUKCE:

a) V mixéru smíchejte mražené banány, řecký jogurt, čokoládové mléko a karamelovou omáčku.
b) Mixujte, dokud nebude hladká a krémová.
c) Nalijte smoothie do misky.
d) Navrch dejte nakrájené banány, granolu, nasekané ořechy a extra kapku karamelové omáčky.
e) Užijte si lahodnou karamelově banánovou smoothie mísu!

10. Caramel Macchiato Overnight Oves

SLOŽENÍ:
- 1/2 šálku ovesných vloček
- 1/2 hrnku mléka (jakéhokoli druhu)
- 1/4 šálku uvařené kávy, vychlazené
- 1 lžíce karamelové omáčky
- 1 lžíce nasekaných pekanových ořechů nebo mandlí
- Volitelně: nakrájené banány nebo jiné ovoce

INSTRUKCE:

a) Ve sklenici nebo nádobě smíchejte ovesné vločky, mléko, uvařenou kávu a karamelovou omáčku.

b) Dobře promíchejte, aby se vše promíchalo.

c) Sklenici zakryjte a dejte do lednice přes noc nebo alespoň na 4 hodiny.

d) Ráno oves zamíchejte.

e) Navrch dejte nasekané ořechy a nakrájené banány nebo jiné ovoce, pokud chcete.

f) Vychutnejte si své krémové a požitkářské karamelové macchiato přes noc!

11. Karamelový spirálový kávový dort

SLOŽENÍ:
- 2 hrnky univerzální mouky
- 1 hrnek cukru
- 1/2 šálku másla, změkčeného
- 1 šálek zakysané smetany
- 2 vejce
- 1 lžička vanilkového extraktu
- 1 lžička prášku do pečiva
- 1/2 lžičky jedlé sody
- 1/4 lžičky soli
- 1/4 šálku karamelové omáčky

INSTRUKCE:
a) Předehřejte troubu na 350 °F (175 °C). Vymažte zapékací mísu o rozměrech 9 x 13 palců.
b) V míse ušlehejte máslo s cukrem, dokud nebude světlá a nadýchaná.
c) Jedno po druhém zašlehejte vejce, poté vmíchejte zakysanou smetanu a vanilkový extrakt.
d) V samostatné misce smíchejte mouku, prášek do pečiva, jedlou sodu a sůl.
e) Postupně přidávejte suché ingredience k mokrým a míchejte, dokud se nespojí.
f) Polovinu těsta rozetřeme do připraveného pekáčku.
g) Těsto pokapeme polovinou karamelové omáčky.
h) Opakujte se zbývajícím těstem a karamelovou omáčkou.
i) Pomocí nože vmíchejte karamelovou omáčku do těsta.
j) Pečte v předehřáté troubě 30-35 minut, nebo dokud párátko zapíchnuté do středu nevyjde čisté.
k) Před krájením a podáváním nechte kávový koláč vychladnout.

12. Karamelizované banánové palačinky

SLOŽENÍ:
- 1 hrnek univerzální mouky
- 2 vejce
- 1/2 šálku mléka
- 1/2 šálku vody
- 2 lžíce másla, rozpuštěného
- 1 lžíce cukru
- Špetka soli
- 2 zralé banány, nakrájené na plátky
- 1/4 šálku karamelové omáčky
- Volitelné polevy: šlehačka, moučkový cukr, sekané ořechy

INSTRUKCE:

a) V mixéru smíchejte mouku, vejce, mléko, vodu, rozpuštěné máslo, cukr a sůl.
b) Rozmixujte do hladka.
c) Lehce vymazanou nepřilnavou pánev rozehřejte na střední teplotu.
d) Nalijte asi 1/4 šálku těsta do pánve a krouživým pohybem potřete dno rovnoměrně.
e) Vařte 2–3 minuty, nebo dokud se okraje nezačnou zvedat z pánve.
f) Palačinku otočte a vařte další 1-2 minuty.
g) Vyjměte krep z pánve a opakujte se zbývajícím těstem.
h) Při podávání umístěte do středu každého palačinky nakrájené banány, pokapejte karamelovou omáčkou a přeložte nebo srolujte.
i) Doplňte další karamelovou omáčkou, šlehačkou, moučkovým cukrem a podle potřeby nasekanými ořechy.
j) Podávejte teplé a vychutnejte si karamelizované banánové palačinky!

13. Karamelizované koláčky z hrušek a ořechů

SLOŽENÍ:
- 2 hrnky univerzální mouky
- 1/4 šálku krystalového cukru
- 1 lžička prášku do pečiva
- 1/2 lžičky soli
- 1/2 šálku nesoleného másla, studeného a nakrájeného na kostky
- 2/3 šálku husté smetany
- 1 vejce
- 1 lžička vanilkového extraktu
- 1 zralá hruška, nakrájená na kostičky
- 1/2 šálku nasekaných vlašských ořechů
- Karamelová omáčka na pokapání

INSTRUKCE:
a) Předehřejte troubu na 400 °F (200 °C) a vyložte plech pečicím papírem.
b) Ve velké míse prošlehejte mouku, cukr, prášek do pečiva a sůl.
c) K suchým ingrediencím přidejte studené nakrájené máslo a pomocí vykrajovátka nebo vidličky nakrájejte máslo do moučné směsi, dokud nebude připomínat hrubou strouhanku.
d) V samostatné misce prošlehejte smetanu, vejce a vanilkový extrakt.
e) Nalijte mokré ingredience do suchých a míchejte, dokud se nespojí.
f) Jemně vmícháme na kostičky nakrájenou hrušku a nasekané vlašské ořechy.
g) Těsto vyklopte na lehce pomoučněnou plochu a vytvarujte z něj kruh o tloušťce asi 1 palec.
h) Těsto nakrájejte na 8 klínků a přendejte je na připravený plech.
i) Pečte 15–18 minut, nebo dokud nebudou koláčky zlatavě hnědé.
j) Nechte koláčky mírně vychladnout, než je pokapete karamelovou omáčkou.
k) Podávejte teplé a vychutnejte si karamelizované hruškové a ořechové koláčky!

14. Karamelizovaný banánový chléb

SLOŽENÍ:
- 3 zralé banány, rozmačkané
- 1/2 šálku nesoleného másla, rozpuštěného
- 1/2 šálku krystalového cukru
- 1/2 šálku hnědého cukru
- 2 vejce
- 1 lžička vanilkového extraktu
- 1 1/2 šálku univerzální mouky
- 1 lžička jedlé sody
- 1/2 lžičky soli
- Karamelová omáčka na pokapání

INSTRUKCE:
a) Předehřejte troubu na 350 °F (175 °C) a vymastěte formu na bochník 9 x 5 palců.
b) Ve velké míse smíchejte rozmačkané banány, rozpuštěné máslo, krystalový cukr, hnědý cukr, vejce a vanilkový extrakt.
c) V samostatné misce smíchejte mouku, jedlou sodu a sůl.
d) Postupně přidávejte suché ingredience k mokrým a míchejte, dokud se nespojí.
e) Těsto nalijeme do připravené ošatky a povrch uhladíme stěrkou.
f) Pečte 50–60 minut, nebo dokud párátko zapíchnuté do středu nevyjde čisté.
g) Nechte banánový chléb vychladnout na pánvi po dobu 10 minut, než jej přendejte na mřížku, aby zcela vychladl.
h) Vychladlý banánový chléb pokapeme karamelovou omáčkou.
i) Nakrájejte a podávejte svůj lahodný karamelizovaný banánový chléb!

15.Karamelové jablko skořicové rolky

SLOŽENÍ:
- 1 balíček (16 uncí) chlazeného skořicového těsta
- 1 šálek nakrájených jablek
- 1/2 šálku karamelové omáčky
- 1/4 šálku nasekaných pekanových nebo vlašských ořechů (volitelně)
- Skořicový cukr na posypání

INSTRUKCE:
a) Předehřejte troubu na 350 °F (175 °C) a zapékací mísu lehce vymažte tukem.
b) Těsto na skořicové válečky rozvineme a oddělíme jednotlivé válečky.
c) Každou rolku potřete lžící karamelové omáčky.
d) Karamelovou omáčku posypeme na kostičky nakrájenými jablky a nasekanými ořechy.
e) Každý skořicový váleček srolujte a vložte do připraveného pekáčku.
f) Pečte 20–25 minut, nebo dokud nebudou rohlíky zlatavě hnědé a propečené.
g) Vyjměte z trouby a ještě teplé skořicové rolky pokapejte další karamelovou omáčkou.
h) Před podáváním posypeme skořicovým cukrem.
i) Užijte si své požitkářské karamelově jablečně skořicové rolky!

16. Karamelizovaná banánová snídaně Quinoa

SLOŽENÍ:
- 1 šálek quinoa, opláchnuté
- 2 šálky vody nebo mléka
- 2 zralé banány, nakrájené na plátky
- 1/4 šálku karamelové omáčky
- Nasekané ořechy nebo semínka na polevu (volitelné)

INSTRUKCE:

a) V hrnci smíchejte quinou a vodu nebo mléko. Přivést k varu.

b) Snižte teplotu na minimum, přikryjte a vařte 15–20 minut, nebo dokud nebude quinoa uvařená a tekutina se nevstřebá.

c) Vmícháme nakrájené banány a karamelovou omáčku.

d) Vařte další 2-3 minuty, dokud se banány neprohřejí.

e) Podávejte karamelizovanou banánovou quinou v miskách.

f) V případě potřeby přidejte nasekané ořechy nebo semena.

g) Vychutnejte si svou výživnou a lahodnou karamelizovanou banánovou snídani quinoa!

17. Lepkavé housky s karamelovým ořechem

SLOŽENÍ:
- ¼ až ½ šálku teplé vody
- 3 lžíce cukru
- 1 balíček (asi 2 ¼ lžičky) aktivního sušeného droždí
- 1 vejce, rozšlehané
- 2 ¼ šálků univerzální mouky
- 2 polévkové lžíce instantního odtučněného sušeného mléka
- 1 lžička soli

KARAMELOVÁ POLEVA:
- 3 lžíce másla nebo margarínu, rozpuštěného
- 3 polévkové lžíce baleného hnědého cukru
- 2 lžíce tmavého kukuřičného sirupu
- ¼ šálku nasekaných vlašských ořechů

INSTRUKCE:

a) Smíchejte ¼ šálku teplé vody, 1 polévkovou lžíci cukru a droždí. Míchejte, aby se droždí rozpustilo a nechte odstát, dokud se nestane bublinkovým, asi 5 minut.

b) Vmícháme rozšlehané vejce.

c) Osaďte svůj kuchyňský robot ocelovou čepelí. Do pracovní mísy odměřte mouku, instantní sušené mléko, zbývající 2 lžíce cukru a sůl. Zpracovávejte, dokud se ingredience nesmíchají, asi 5 sekund.

d) Zapněte kuchyňský robot a pomalu nalijte směs droždí přes plnicí trubici do směsi mouky. Do moučné směsi pomalu přikapávejte jen tolik zbylé vody, aby těsto vytvořilo kouli, která začistí stěny mísy. Zpracovávejte, dokud se těsto asi 25krát neotočí kolem mísy.

e) Vypněte kuchyňský robot a nechte těsto 1 až 2 minuty odstát. Procesor znovu zapněte a postupně přidávejte dostatek zbývající vody, aby bylo těsto měkké, hladké a saténové, ale nelepivé. Zpracovávejte, dokud se těsto asi 15x neobrátí kolem mísy.

f) Kuchyňský robot zakryjte a nechte těsto stát při pokojové teplotě, dokud nezačne kynout, což by mělo trvat asi 30 minut.

g) Zatímco těsto kyne, připravte si karamelovou polevu. Nalijte polevu do vymazané 9palcové kulaté dortové nebo koláčové formy.

h) Jakmile těsto vykyne, vyklopte ho na lehce pomaštěný povrch. Rozdělte ho na 12 stejných dílů a z každého vytvarujte kouli. Každou kuličku namočte do rozpuštěného másla a položte je na karamelovou polevu na pánvi. Nechte je stát na teplém místě, dokud nezdvojnásobí svůj objem, což by mělo trvat asi 1 hodinu.

i) Předehřejte troubu na 400 °F (200 °C). Buchty pečte, dokud nezezlátnou, což by mělo trvat 10 až 12 minut.

j) Housky chlaďte asi jednu minutu a poté je vyklopte na servírovací talíř. Podávejte je teplé nebo při pokojové teplotě.

KARAMELOVÁ PLEVA:

k) V malém hrnci smíchejte hnědý cukr, máslo a tmavý kukuřičný sirup.

l) Vařte na středním plameni za stálého míchání, dokud směs nezhoustne a hnědý cukr se nerozpustí.

m) Hrnec sejmeme z plotny a vmícháme nasekané vlašské nebo pekanové ořechy.

n) Vychutnejte si lahodné domácí karamelové lepkavé buchty!

KARAMELOVÉ SNACKY

18. Karamelový popcorn

SLOŽENÍ:
- ¼ šálku popcornových jader
- ¼ šálku nesoleného másla
- ½ šálku hnědého cukru
- ¼ šálku světlého kukuřičného sirupu
- ¼ lžičky soli
- ¼ lžičky jedlé sody
- ½ lžičky vanilkového extraktu

INSTRUKCE:

a) Popcornová jádra nasypte podle pokynů pro mikrovlnnou troubu nebo varnou desku a dejte stranou do velké mísy.

b) V hrnku vhodném do mikrovlnné trouby smíchejte máslo, hnědý cukr, kukuřičný sirup a sůl.

c) Směs dejte na 2 minuty do mikrovlnné trouby a míchejte každých 30 sekund, dokud směs nezhoustne a cukr se nerozpustí.

d) Vyjměte hrnek z mikrovlnné trouby a vmíchejte jedlou sodu a vanilkový extrakt. Směs bude pěnit.

e) Nalijte karamelovou směs na popcorn a míchejte, dokud se popcorn rovnoměrně nepokryje.

f) Popcorn rozprostřete na plech vyložený pečicím papírem a před podáváním jej nechte vychladnout a ztuhnout.

19. Čokoládové polštářky se slaným karamelem

SLOŽENÍ:
- 1 chlazená koláčová kůra rozmražená
- 14 Hersheyho polibků dle výběru
- 1 bílek rozšlehaný s 1 lžící vody
- 1 malá sklenice karamelové polevy
- Sůl Středozemního moře

VOLITELNÉ POVLAHY:
- 1 šálek rozpuštěných čokoládových lupínků
- ½ šálku jemně nasekaných ořechů
- Moučkový cukr na posypání
- Krupicový cukr na posypání před pečením

INSTRUKCE:
a) Zapněte troubu na 350 stupňů.
b) Plech na cukroví zakryjte pergamenem nebo postříkejte nepřilnavým pečícím olejem
c) Koláčovou kůru rozválejte na lehce pomoučené pracovní desce.
d) Vyrobené 2 ½ palcové kruhy nožem nebo řezačkou na sušenky.
e) Do každého kruhu umístěte jeden Hershey's Kiss.
f) Přehněte ½ koláčového těsta přes Kiss a utěsněte koláčové těsto.
g) Vytáhněte druhou polovinu koláčového těsta nahoru a vytvořte křížem a sevřete okraje, aby se uzavřely.
h) Získal jsem 16 potahů polštáře tím, že jsem všechny kousky znovu vyvalil.
i) Každý polštářek potřete vajíčkem a poté posypte cukrem nebo středomořskou solí.
j) Pečte při 350 stupních po dobu 15 až 20 minut, nebo dokud nebudou obláčky polštáře zlatavě hnědé. Vyjměte z trouby a nechte 5 minut vychladnout, než se přesunete na chladicí mřížku.
k) Pokapeme karamelovou polevou a posypeme středomořskou mořskou solí. Podávejte a užívejte si!

20. Churros plněné karamelem

SLOŽENÍ:
KARAMELOVÁ OMÁČKA:
- 1 šálek krystalového cukru
- 6 lžic nesoleného másla
- ½ šálku husté smetany
- 1 lžička vanilkového extraktu
- Špetka soli

CHURROS:
- 1 šálek vody
- 2 lžíce cukru
- ½ lžičky soli
- 2 lžíce rostlinného oleje
- 1 hrnek univerzální mouky
- Rostlinný olej na smažení
- ¼ hrnku cukru (na obalování)
- 1 lžička mleté skořice (na obalování)

INSTRUKCE:
KARAMELOVÁ OMÁČKA:
a) Umístěte krystalový cukr do čistého hrnce se silným dnem na středně vysokou teplotu.
b) Bez míchání nechte cukr rozpustit. Pánví můžete jemně zakroužit, abyste zajistili rovnoměrné roztavení. Tento proces může trvat asi 5-7 minut a cukr získá jantarovou barvu.
c) Jakmile se cukr úplně rozpustí a změní se na sytě jantarovou barvu, opatrně přidejte nesolené máslo. Buďte opatrní, protože při přidávání másla bude směs bublat.
d) Máslo vmícháme do rozpuštěného cukru, dokud se dobře nespojí. Může to trvat asi minutu.
e) Za stálého míchání pomalu přilévejte hustou smetanu. Opět buďte opatrní, protože směs bude bublat.
f) Za stálého míchání nechte směs asi 1-2 minuty povařit, dokud mírně nezhoustne.
g) Karamelovou omáčku stáhněte z plotny a vmíchejte vanilkový extrakt a špetku soli. Omáčka bude opět mírně probublávat, takže buďte opatrní.

h) Nechte karamelovou omáčku několik minut vychladnout, než ji přenesete do žáruvzdorné nádoby nebo sklenice.

CHURROS:

i) V hrnci smíchejte vodu, cukr, sůl a rostlinný olej. Směs přiveďte k varu.

j) Hrnec sejmeme z ohně a přidáme mouku. Míchejte, dokud směs nevytvoří kouli těsta.

k) Zahřejte rostlinný olej v hluboké pánvi nebo hrnci na středním ohni.

l) Těsto přendejte do pekařského sáčku s hvězdicovou špičkou.

m) Těsto vlijte do horkého oleje a nožem nebo nůžkami ho nakrájejte na 4-6 palců.

n) Smažíme ze všech stran dozlatova, občas otočíme.

o) Churros vyjmeme z oleje a necháme okapat na papírové utěrce.

p) V samostatné misce smíchejte cukr a skořici. Obalte churros ve směsi skořicového cukru, dokud nejsou obaleny.

q) Pomocí injekční stříkačky nebo cukrářského sáčku naplňte churros připravenou karamelovou omáčkou.

r) Podávejte churros plněné karamelem teplé.

21. Směs karamelových kuželek

SLOŽENÍ:
KARAMELOVÁ OMÁČKA
- 1-½ lžičky jedlé sody
- 3 šálky krystalového cukru
- 1-½ lžičky košer soli
- 1 šálek vody
- 3 lžíce studeného nesoleného másla, nakrájeného na malé kousky

SMĚS:
- 1 šálek kuželek
- 2 šálky popcornu
- 1 šálek rybího občerstvení
- 1 šálek preclíků
- ½ šálku směsi sušeného ovoce
- ½ šálku mini marshmallows
- 1 šálek cereálií O's

INSTRUKCE:
a) Ve velké míse smíchejte všechny suché ingredience. Odměřte jedlou sodu a dejte ji stranou, připravenou k použití. Pekáč vyložte alobalem a dejte stranou.

b) Ve velkém hrnci smíchejte vodu, cukr, sůl a máslo. Cukrovou směs vařte na vysoké teplotě za stálého míchání, dokud se nestane bublinkovou a na povrchu lehce zhnědne. Tento proces může trvat 10–20 minut.

c) Stáhněte karamel ze sporáku a zašlehejte jedlou sodu. Buďte opatrní, protože to bude ještě více bublat. Karamelovou směs ihned nalijte na mísu se suchými přísadami a rychle promíchejte.

d) Směs nalijeme na připravený plech a roztlačíme do tenké vrstvy.

e) Nechte vychladnout a poté rozlámejte na kousky velikosti sousta. Skladujte Skittles Caramel Mix ve vzduchotěsné nádobě.

22. Makarony se slaným karamelem

SLOŽENÍ:
NA NÁPLŇ SLANÉHO KARAMELU:
- 250 g husté smetany
- 350 g moučkového cukru (jemný krupicový cukr)
- 10 g fleur de sel (vloček mořské soli)
- 350 g másla, nakrájeného na malé kostičky

PRO KARAMELOVÉ MAKARONOVÉ COOKIES:
- 300 g mandlové mouky (mandlová mouka)
- 300 g moučkového cukru
- 120 g vaječných bílků (rozdělených na 2 porce po 120 g)
- 300 g moučkového cukru
- 75 g vody

INSTRUKCE:
UDĚLEJTE NÁPLŇ SLANÉHO KARAMELU:
a) V malém hrnci zahřejte smetanu, dokud se nezačne vařit. Odstraňte z tepla.

b) Do samostatného středního hrnce přidejte třtinový cukr a vařte na středním plameni za občasného míchání, dokud nezkaramelizuje a nezíská tmavě měděnou barvu.

c) Cukr stáhneme z plotny a za stálého míchání stěrkou opatrně vlijeme horkou smetanu.

d) Nechte směs vychladnout na přibližně 115 ° F. Přidejte fleur de sel a malé kostičky másla po několika, za stálého míchání, dokud se všechno máslo nespojí.

e) Karamel přendejte do mělké nádoby a chlaďte, dokud nevychladne a neztuhne.

f) Po vychladnutí šlehejte karamelovou směs, dokud nebude světlá, lesklá a hladká. Uchovávejte v lednici, dokud nebudete připraveni plnit makronky.

UDĚLEJTE KARAMELOVÉ MAKARONOVÉ COOKIES:
g) Prosejte dohromady mandlovou mouku a moučkový cukr, abyste odstranili všechny hrudky. Smíchejte se 120 g vaječných bílků, dokud nevznikne hladká pasta, a odstavte.

h) V malém hrnci na středním plameni smíchejte moučkový cukr a vodu. Mezitím dejte zbývajících 120 g vaječných bílků do stojanového mixéru s nástavcem na šlehání.

i) Když cukr dosáhne 239 °F, začněte šlehat bílky, dokud nevytvoří měkké vrcholy. Když cukr dosáhne 244 °F, stáhněte ho z plotny a pomalu nalijte do vyšlehaných bílků, zatímco je mixér na nízké rychlosti.

j) Zvyšte rychlost mixéru na vysokou asi na minutu a poté ji snižte na střední rychlost asi na 2 minuty. Nechte pusinky vychladnout na 120 °F za současného míchání při nízké rychlosti.

k) Směs mandlové moučky pomocí stěrky jemně vmíchejte do pusinky, dokud těsto nebude jednotné a lesklé.

l) Těsto přendejte do sáčku s hladkou kulatou špičkou. Skořápky makronek nandejte na plech vyložený silikonovou pečicí podložkou nebo pečícím papírem. Můžete použít macaronovou šablonu, aby byly jednotné ve velikosti.

m) Jemně poklepejte na plech, aby se těsto trochu rozprostřelo. Nechte těsto uležet, dokud se nevytvoří slupka a nebude suché na dotek.

n) Předehřejte troubu na 300 °F a pečte macarons po dobu 10-15 minut, přičemž v polovině pečení plech otočte. Než makronky vyjmete z pánve, nechte je úplně vychladnout.

SESTAVTE MAKARONKY SLOLENÉ KARAMELKY:

o) Slanou karamelovou náplň vyjměte z lednice a mírně změkněte ve vodní lázni nebo v mikrovlnné troubě (pozor, aby se úplně nerozpustila).

p) Jakmile změkne, stáhněte ji z ohně a intenzivně šlehejte, dokud nezhoustne do konzistence máslového krému.

q) Spojte páry macaronových sušenek, které mají stejnou velikost.

r) Na jednu sušenku rozetřete nebo napijte trochu slané karamelové náplně, nechte asi 3 mm od okraje.

s) Vezměte jeho pár do druhé ruky a jemně otočte dvě sušenky k sobě, nechte náplň roztéct k okrajům.

t) Naplněné makronky před podáváním uložte alespoň na 24 hodin do lednice a před podáváním je nechte vychladnout na pokojovou teplotu.

u) Vychutnejte si své lahodné slané karamelové makarony s dokonalou kombinací sladkých a slaných chutí!

23.Karamelové ořechové sandies

SLOŽENÍ:
PEKANSOVÉ PÍSKY:
- 3 unce mandlové mouky (přibližně ¾ šálku)
- ¼ šálku směsi na pečení
- 1 unce pekanových ořechů, velmi jemně nasekaných (přibližně ¼ šálku)
- 1 vaječný bílek
- 3 lžíce másla, rozpuštěného
- 2 ½ polévkové lžíce Splenda nebo tekutého ekvivalentu
- Špetka skořice
- ½ lžičky karamelového extraktu

KARAMELOVÝ EXTRAKT:
- 1 šálek krystalového cukru
- 1 šálek vody
- 1 lžička vanilkového extraktu (volitelně)

INSTRUKCE:
KARAMELOVÝ EXTRAKT:
a) Do čisté pánve se silným dnem přidejte 1 šálek krystalového cukru.
b) Za stálého míchání zahřejte cukr na středně vysokou teplotu. Cukr se začne rozpouštět a shlukovat.
c) Pokračujte v míchání, dokud se všechen cukr nerozpustí a nezmění barvu na tmavě jantarovou. Dávejte pozor, aby se nespálil; to může trvat asi 5-7 minut.
d) Jakmile cukr zkaramelizuje, opatrně do kastrůlku přidejte 1 hrnek vody. Buďte opatrní, protože směs bude silně bublat.
e) Karamelizovaný cukr a vodu míchejte, dokud se dobře nespojí. Pokud chcete, můžete v tomto okamžiku přidat také 1 lžičku vanilkového extraktu pro extra chuť.
f) Směs nechte pár minut za občasného míchání povařit, dokud mírně nezhoustne. To by mělo trvat asi 5 minut.
g) Karamelový extrakt sejměte z ohně a nechte vychladnout na pokojovou teplotu.
h) Po vychladnutí sceďte karamelový extrakt přes jemné síto nebo plátýnko, abyste odstranili veškeré nečistoty nebo pevné kousky.

i) Přecezený karamelový extrakt přendejte do čisté vzduchotěsné nádoby nebo skleněné láhve s těsně přiléhajícím víčkem.

j) Domácí karamelový extrakt skladujte na chladném a tmavém místě, jako je vaše spíž. Vydrží několik měsíců.

PEKANSOVÉ PÍSKY:

k) V malé misce dobře promíchejte všechny ingredience.

l) Velký plech vyložte pečicím papírem a těsto rozložte na 24 malých kopečků. Plech dejte na 5-10 minut do mrazáku, aby těsto zpevnilo.

m) Vyjměte z mrazáku a z těsta vyválejte kuličky. Umístěte je zpět na plech a ujistěte se, že jsou rovnoměrně rozmístěny v 6 řadách po 4.

n) Zakryjte kuličky plastovou fólií a vezměte uzávěr láhve s vitamínem (nebo jakýkoli podobný předmět), který má tloušťku o něco méně než ½ palce. Pevně zatlačte na každou kouli těsta a ujistěte se, že přitlačíte až na plech.

o) Odlepte plastový obal a opakujte tento postup, dokud nebudou všechny sušenky vytvarovány.

p) Pečte při 325 °F po dobu 20 minut nebo dokud nejsou sušenky zlatavě hnědé.

24. Biscoff karamelové sušenky

SLOŽENÍ:
- 1 ½ šálku univerzální mouky
- 1 ½ šálku rychle uvařených ovesných vloček
- 1 šálek nesoleného másla, rozpuštěného
- 1 šálek hnědého cukru
- 1 lžička vanilkového extraktu
- ½ lžičky soli
- 1 šálek pomazánky Biscoff
- 1 šálek karamelové omáčky

INSTRUKCE:

a) Předehřejte troubu na 350 °F (175 °C) a vymažte zapékací misku o rozměrech 9 x 9 palců.

b) V míse smíchejte mouku, oves, rozpuštěné máslo, hnědý cukr, vanilkový extrakt a sůl. Míchejte, dokud se dobře nespojí.

c) Dvě třetiny ovesné směsi vtlačíme na dno připravené zapékací mísy, aby se vytvořila kůrčička.

d) Korpus pečeme v předehřáté troubě 10 minut.

e) Vyjměte kůru z trouby a nechte ji mírně vychladnout.

f) Biscoffovou pomazánku rovnoměrně rozetřete na kůrku.

g) Pomazánku Biscoff pokapejte karamelovou omáčkou.

h) Zbylou ovesnou směs posypeme karamelovou vrstvou.

i) Vraťte zapékací misku do trouby a pečte dalších 20–25 minut, nebo dokud není vršek zlatavě hnědý.

j) Vyjměte z trouby a před nakrájením na čtverečky nechte tyčinky zcela vychladnout v pekáčku.

25. Slané karamelové a citronové madeleiny

SLOŽENÍ:
NA SLANÝ KARAMEL:
- ½ šálku cukru
- 4 lžíce nesoleného másla
- ¼ šálku dvojité smetany
- 1 lžička soli

PRO MADELEINY:
- 100 gramů másla, rozpuštěného
- 1 hrnek cukru
- 2 vejce
- 1 lžička vanilkového extraktu
- 1 ½ šálku univerzální mouky
- 1 lžička prášku do pečiva
- ½ lžičky jedlé sody
- ¼ šálku bílého jogurtu
- Kůra z 1 citronu

INSTRUKCE:
PŘIPRAVTE SLANÝ KARAMEL:
a) V hrnci na mírném ohni rozpustíme cukr. Nemíchejte; v případě potřeby jemně zakružte pánví, aby se zajistilo rovnoměrné roztavení.
b) Jakmile cukr získá tmavě jantarovou barvu, vypněte teplo.
c) Opatrně a rychle za intenzivního míchání přidejte ke karamelu dvojitou smetanu.
d) Do hrnce přidejte máslo a sůl a pokračujte v míchání, dokud nebude karamel hladký. Dát stranou.
e) Předehřejte troubu na 350 stupňů F (175 stupňů C).

PŘIPRAVTE MADELENINKY:
f) V malé misce smíchejte jedlou sodu a jogurt a dejte stranou.
g) V mixéru šlehejte vejce a cukr na vysoké otáčky, dokud směs nezdvojnásobí svůj objem. Přidejte vanilkový extrakt.
h) V samostatné misce smíchejte univerzální mouku a prášek do pečiva a přidejte je do směsi cukru a vajec. Míchejte, dokud se dobře nespojí.
i) Přidejte jogurtovou směs a citronovou kůru do těsta a míchejte, dokud se zcela nezapracuje.

j) Zatímco je mixér na nízké rychlosti, pomalu přilévejte rozpuštěné máslo a dobře promíchejte.

k) Vmícháme předem připravený slaný karamel a těsto necháme 30 minut odpočinout v lednici.

Upečte si MADELENINKY:

l) Formičky na Madeleine vymažte máslem a lehce je vysypte moukou.

m) Lžící nalijte těsto do každé formy a naplňte je asi do tří čtvrtin.

n) Madeleiny pečte v předehřáté troubě asi 10 minut, nebo dokud se na každé Madeleine nevytvoří malý hrbolek a po okrajích nezezlátnou.

o) Madeleines vyndejte z trouby a nechte je pár minut vychladnout ve formách, než je přenesete na mřížku, aby úplně vychladly.

p) Užijte si tyto nádherné slané karamelové madeleines jako sladkou a požitkářskou pochoutku! Kombinace máslového dortu Madeleine prosyceného slaným karamelem vytváří úžasný chuťový zážitek. Ideální pro čajový pohoštění nebo pro jakoukoli zvláštní příležitost.

26.Slané karamelové jablko křupavé pamlsky

SLOŽENÍ:
SLANÝ KARAMEL:
- 1 hrnek krystalového cukru
- ¼ šálku studené vody
- ½ šálku husté smetany ke šlehání
- 4 polévkové lžíce slaného másla
- 1 lžička mořské soli
- ½ lžičky vanilky

KRISPY MACHTY:
- 4 šálky miniaturních marshmallows
- 4 polévkové lžíce másla
- 6 šálků cereálií Rice Krispies
- 1 hrnek sušených kousků jablek
- 1 hrnek slaného karamelu

INSTRUKCE:
SLANÝ KARAMEL:
a) Ve středním hrnci na středním plameni smíchejte cukr a studenou vodu.
b) Průběžně míchejte a vařte, dokud směs nezíská středně až tmavě jantarovou barvu.
c) Ke karamelu přidejte máslo a míchejte, aby se spojilo asi 1-2 minuty.
d) Jakmile je máslo úplně rozpuštěné, pomalu vlijte smetanu do karamelu.
e) Nechte karamel vařit 2 minuty.
f) Odstraňte z ohně a přidejte vanilku a sůl.
g) Před použitím necháme karamel vychladnout a zhoustnout.

KRISPY MACHTY:
h) Ve velkém hrnci na mírném ohni rozpustíme máslo.
i) Přidejte marshmallows a 1 šálek slaného karamelu a míchejte na mírném ohni, dokud se marshmallow nerozpustí.
j) Odstraňte pánev z ohně a přidejte cereálie a kousky jablek do směsi marshmallow.
k) Míchejte, dokud nejsou všechny cereálie obaleny.
l) Nalijte směs do připravené pánve a pevně přitlačte.
m) Podle potřeby pokapejte ještě slaným karamelem a před nakrájením na čtverečky nechte vychladnout.

27. se slaným karamelem a pekanovou rýží

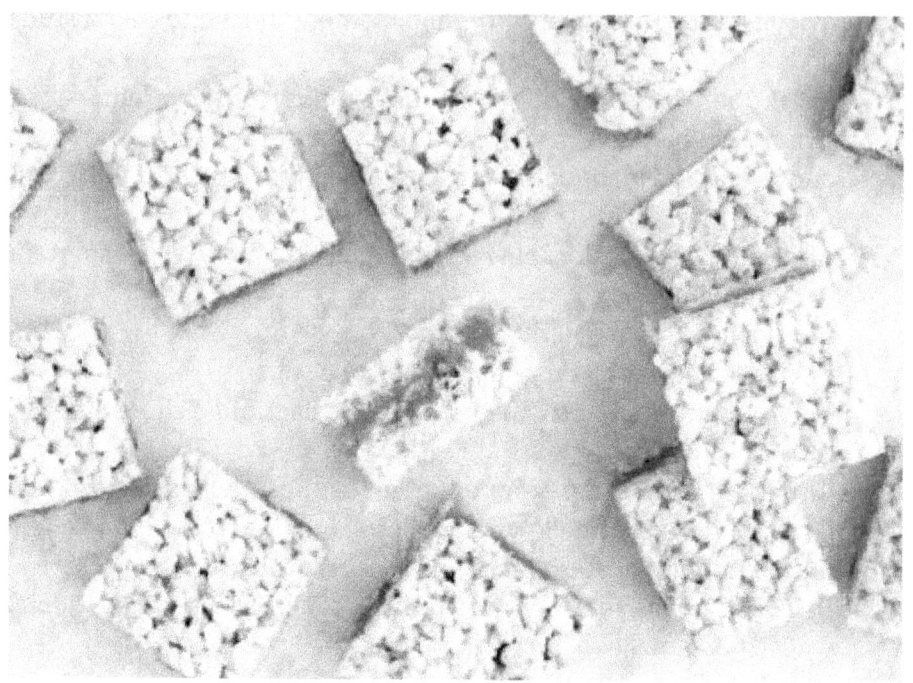

SLOŽENÍ:
PRO MACHTY KRISPIIE
- 3 lžíce másla
- 8 uncí vanilkových marshmallows
- 4 ½ unce Rice Krispies

NA SLANÝ KARAMEL
- 10 ½ unce kondenzovaného mléka
- 3 unce másla
- 3 unce tmavě hnědého cukru
- 3 lžíce zlatého sirupu
- ¾ lžičky mořské soli (podle chuti)
- 4 unce pekanových ořechů – nahrubo nasekaných

INSTRUKCE:

a) Hlubokou formu o rozměrech 20 x 20 cm vymažte tukem a vyložte pečicím papírem.

UDĚLEJTE KARAMEL:

b) Vložte kondenzované mléko, máslo, cukr a sirup do pánve s těžkým základem a rozpusťte na středním ohni za častého míchání, dokud se cukr nerozpustí.

c) Směs přivedeme k varu a necháme 2-3 minuty mírně vařit. Sundejte z ohně, vmíchejte mořskou sůl a odstavte.

d) Vložte 20 g másla do malého hrnce se silným základem. Zahřívejte na nízkém a středním stupni, dokud se nerozpustí.

e) Přidejte 110 g marshmallow a míchejte, dokud se nerozpustí a důkladně nesmíchá s máslem.

f) Rychle vmíchejte polovinu rýžových křišťálů.

g) Lžící marshmallow Krispies nasypte do formy a rovnoměrně ji rozprostřete. Směs jemně, ale pevně přitlačte, aby vznikla pevná vrstva. Pro usnadnění tohoto úkolu použijte kousek celofánu, protože směs bude lepkavá.

h) Karamel rozmícháme a nalijeme na základ Krispie. Navrch posypte nasekané pekanové ořechy a dejte na 1-2 hodiny do lednice ztuhnout.

i) Pomocí zbývajícího másla, marshmallows a rýžových cereálií připravte další dávku marshmallow Krispies. Naneste lžící na karamelovou vrstvu a pomocí celofánu rozprostřete Krispies a jemně, ale pevně přitlačte.

j) Před krájením na čtverce nechte hodinu ztuhnout.

k) Uchovávejte ve vzduchotěsné dóze a vychutnejte do 2 dnů.

28. Blondies ze slaného karamelu

SLOŽENÍ:
- 1 šálek nesoleného másla, rozpuštěného
- 2 šálky světle hnědého cukru
- 2 velká vejce
- 1 lžička vanilkového extraktu
- 2 hrnky univerzální mouky
- ½ lžičky prášku do pečiva
- ½ lžičky soli
- ½ šálku slané karamelové omáčky

INSTRUKCE:
a) Předehřejte troubu na 350 ° F a vymažte zapékací misku.
b) V míse smíchejte rozpuštěné máslo a hnědý cukr, dokud se dobře nespojí.
c) Jedno po druhém zašleháme vejce a poté vanilkový extrakt.
d) V samostatné misce smíchejte mouku, prášek do pečiva a sůl.
e) Postupně přidávejte suché ingredience do mokré směsi a míchejte, dokud se nespojí.
f) Polovinu blondie těsta nalijeme do připraveného pekáčku a rovnoměrně rozetřeme.
g) Těsto pokapeme polovinou slané karamelové omáčky.
h) Navrch nalijte zbylé těsto a rovnoměrně rozetřete, poté pokapejte zbylou slanou karamelovou omáčkou.
i) Pomocí nože vmíchejte karamelovou omáčku do těsta pro mramorovaný efekt.
j) Pečte 25–30 minut, nebo dokud nejsou okraje zlatavě hnědé a párátko zapíchnuté do středu nevyjde s několika vlhkými strouhankami.
k) Nechte blondies vychladnout, než je nakrájíte na čtverečky.

29. Soufflé se slaným karamelovým popcornem

SLOŽENÍ:
- 125 ml plnotučného mléka
- 125 ml dvojité smetany
- 105 g moučkového cukru
- 25 g pudinkové rýže
- 1 vanilkový lusk, rozdělený
- 75 g nesoleného másla, změklého
- 6 bílků
- 20 g popcornu

OMÁČKA SLANÝ KARAMEL
- 100 g moučkového cukru plus 75 g na ramekiny
- 45 g slaného másla, nakrájeného na kousky
- 60 ml dvojité smetany
- ½ lžičky mořské soli

INSTRUKCE:
a) Troubu rozehřejte na 140 °C a čtyři formy na suflé nebo ramekiny o rozměrech 9,5 cm x 5 cm vložte do lednice vychladit.
b) V ohnivzdorné pánvi smíchejte mléko, smetanu, 15 g cukru, rýži, vanilkový lusk a špetku soli.
c) Zakryjte a pečte 2 hodiny nebo dokud rýže nezměkne, každých 30 minut promíchejte.
d) Vyjměte vanilkový lusk, poté přeneste směs do mixéru a rozmixujte na hladké pyré, aby nezůstala žádná zrnka rýže. Přikryjeme a necháme vychladnout.
e) Mezitím na karamelovou omáčku nasypte 100 g cukru na dno silné pánve.
f) Dejte na středně vysokou teplotu a bedlivě sledujte, jak se cukr začne rozpouštět.
g) Občas pánví zatřeste, aby se rozpustil všechen cukr, který se nerozpustil, a jakmile se rozpustí, použijte silikonovou stěrku, abyste jej spojili a jemně rozmělněte všechny hrudky.
h) Když je to hladká, hluboce jantarová tekutina – dávejte pozor, aby se nepřipálila – rychle vmíchejte máslo.
i) Pomalu přilévejte smetanu a míchejte, dokud nevznikne lesklá, lesklá karamelová omáčka. Vmíchejte mořskou sůl. Dát stranou.

j) Když jsou ramekiny úplně studené, vyjměte je z lednice a vnitřek štědře potřete máslem, ujistěte se, že na něm nechybí žádná fleka, a vykartáčujte až po okraj.
k) Nasypte 75 g cukru do jednoho ramekinu, otáčejte s ním tak, aby byl vnitřek důkladně obalený cukrem, pak přebytečný sypejte do dalšího a opakujte, dokud nejsou všechny potažené. Dát stranou.
l) Bílky dejte do velké mísy a šlehejte elektrickým šlehačem na vysokou rychlost po dobu 1 minuty.
m) Postupně přidejte čtvrtinu zbývajícího cukru, šlehejte další minutu, poté další čtvrtinu.
n) není zapracován všechen cukr.
o) Jakmile přidáte všechen cukr, pokračujte ve šlehání dalších 30 sekund, dokud se nevytvoří tuhé, lesklé vrcholy.
p) Mezitím dejte rýžový pudink a 15 g slané karamelové omáčky do velké žáruvzdorné mísy umístěné nad pánví s vroucí vodou.
q) Směs jemně zahřejte a promíchejte, poté ji stáhněte z ohně.
r) Čtvrtinu ušlehaných bílků vmíchejte do rýžové pudingové směsi, aby se uvolnila, a poté vmíchejte zbytek, dokud se důkladně nezapracuje.
s) Troubu rozehřejeme na 200C.
t) Směs na suflé vmícháme do připravených ramekin, mírně je přeplníme.
u) Pomocí paletového nože zarovnejte vršky.
v) Přejíždějte sevřeným palcem a ukazováčkem po vnitřním okraji každého ramekinu, abyste zajistili, že suflé vykynou přímo nahoru.
w) Vrchy posypte popcornem, položte je na pekáč a pečte na střední příčce trouby.

30. Preclíky s karamelem a čokoládou

SLOŽENÍ:
- Preclíkové tyče
- 1 hrnek karamelů (nezabalených)
- 1 šálek čokoládových lupínků
- Různé polevy (např. sypání, drcené ořechy)

INSTRUKCE:
a) Plech vyložte pečícím papírem.
b) Rozpusťte karamely v misce vhodné do mikrovlnné trouby podle návodu na obalu.
c) Každý preclík ponořte do rozpuštěného karamelu a nechte odkapat veškerý přebytek. Preclíky obalené karamelem položte na připravený plech.
d) Plech dejte asi na 15 minut do lednice, aby karamel ztuhl.
e) V další misce vhodné do mikrovlnné trouby rozpusťte čokoládové lupínky v mikrovlnné troubě a každých 30 sekund míchejte, dokud nebudou hladké.
f) Každý preclík potažený karamelem ponořte do rozpuštěné čokolády a nechte odkapat veškerý přebytek .
g) Ihned posypte polevou dle vlastního výběru, dokud je čokoláda ještě mokrá.
h) Preclíky máčené v čokoládě položte zpět na plech a dejte do chladu, dokud čokoláda neztuhne.
i) Po ztuhnutí vyndejte z lednice a podávejte.

31. Karamelové plátky jablka

SLOŽENÍ:
- Jablka (jakákoli odrůda), zbavená jádřinců a nakrájená na plátky
- Karamelová omáčka
- Polevy dle vlastního výběru (nasekané ořechy, strouhaný kokos, mini čokoládové lupínky atd.)

INSTRUKCE:

a) Každý plátek jablka ponořte do karamelové omáčky a rovnoměrně potřete.
b) Obalené plátky jablek položte na plech vyložený pečicím papírem.
c) Karamelem potažené plátky jablek potřeme požadovanou polevou.
d) Plech dejte na cca 10-15 minut do lednice, aby karamel ztuhl.
e) Podávejte a vychutnejte si lahodné plátky karamelových jablek!

32. Karamelový rýžový koláč

SLOŽENÍ:
- Rýžové koláčky
- Karamelová omáčka
- Volitelné polevy (čokoládové lupínky, sypání, sekané ořechy atd.)

INSTRUKCE:
a) Každý rýžový koláč potřete tenkou vrstvou karamelové omáčky.
b) Karamelem potažené rýžové koláčky potřete požadovanou polevou.
c) Rýžové koláčky dejte asi na 10-15 minut do lednice, aby karamel ztuhl.
d) Po ztuhnutí nakrájejte karamelem potažené rýžové koláčky na kousky velikosti sousta.
e) Podávejte a vychutnejte si karamelový rýžový koláč!

33. Karamelové plněné datle

SLOŽENÍ:
- Datle, vypeckované
- Karamelové bonbóny, nebalené
- Volitelné polevy (nasekané ořechy, strouhaný kokos, mořská sůl atd.)

INSTRUKCE:
a) Každé datle opatrně podélně rozkrojte a odstraňte pecku.
b) Do každé datle vložte karamelový bonbón.
c) Volitelné: Data plněná karamelem posypte požadovanou polevou.
d) Okamžitě podávejte nebo skladujte ve vzduchotěsné nádobě, dokud nebudete připraveni k vychutnání.
e) Užijte si lahodné datle plněné karamelem!

34. Karamelové preclíkové tyčinky

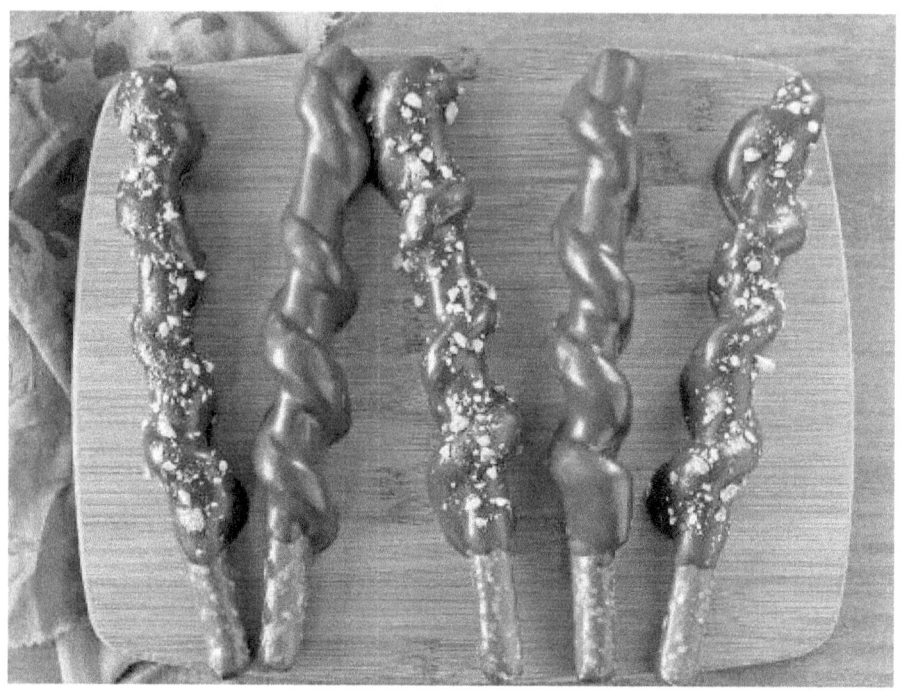

SLOŽENÍ:
- Preclíkové tyče
- Karamelové bonbóny, nebalené
- Volitelné polevy (čokoládové lupínky, drcené ořechy, sypání atd.)

INSTRUKCE:
a) Vložte tyčinku preclíku do každého nezabaleného karamelového bonbónu a nechte část preclíku odkrytou pro držení.
b) Tyčinky preclíku pokryté karamelem ohřívejte v 30sekundových intervalech, dokud karamel nezměkne a mírně se rozpustí.
c) Volitelně: Tyčinky preclíku potažené rozpuštěným karamelem srolujte do požadované polevy.
d) Tyčinky preclíku položte na plech vyložený pečicím papírem a nechte karamel vychladnout a ztuhnout.
e) Podávejte a vychutnejte si své karamelové preclíkové tyčinky!

DEZERT

35.Cadbury karamelový tvarohový koláč

SLOŽENÍ:
- 300 g digestivních sušenek, drcených
- 150 g nesoleného másla, rozpuštěného
- 600 g smetanového sýra, měkčeného
- 150 g moučkového cukru
- 1 lžička vanilkového extraktu
- 300 ml dvojité smetany
- 150 g čokolády Cadbury, nasekané
- 150 g Cadbury karamelové čokolády, nasekané
- Karamelová omáčka, na podlévání

INSTRUKCE:
a) Troubu předehřejte na 180C/160C horkovzdušná/plynová 4.
b) Smíchejte rozdrcené sušenky a rozpuštěné máslo a vtlačte do základu dortové formy o průměru 23 cm.
c) Pečeme v troubě 10 minut, poté vyjmeme a necháme vychladnout.
d) Ve velké míse prošlehejte smetanový sýr, cukr a vanilkový extrakt do hladka.
e) V samostatné misce šlehejte dvojitou smetanu, dokud nevytvoří měkké vrcholy.
f) Šlehačku vmícháme do tvarohové směsi a poté vmícháme nasekanou čokoládu.
g) Polovinu směsi nalijeme na vychladlý sušenkový základ a povrch uhladíme.
h) Zalijte karamelovou omáčkou a posypte polovinou nasekané čokolády Cadbury Caramel.
i) Navrch nalijeme zbylou směs a vrch opět uhladíme.
j) Nechte v lednici vychladit alespoň 2 hodiny nebo do ztuhnutí.
k) Ozdobte zbylou nasekanou čokoládou Cadbury Caramel a před podáváním pokapejte další karamelovou omáčkou.

36. Jablečně-karamelový dort naruby

SLOŽENÍ:
- 1 velké jablko, oloupané, zbavené jádřinců a nakrájené na tenké plátky
- 10 lžic Sladké máslo, změklé
- 1 ¼ šálku granulovaného bílého cukru plus 3 polévkové lžíce
- 2 vejce
- 1 šálek pekanových ořechů, nakrájených
- 1 lžička skořice
- 2 šálky bílé pšeničné mouky
- 1 lžička prášku do pečiva
- ½ lžičky jedlé sody
- ¼ lžičky soli
- 1 šálek zakysané smetany
- ½ lžičky vanilkového extraktu

INSTRUKCE:
a) Jablko oloupeme, zbavíme jádřince a nakrájíme na tenké plátky. Rozpusťte 2 lžíce másla v 9palcové litinové pánvi na středně nízké teplotě. Přidejte plátky jablek a opékejte je, dokud nezvadnou asi 3 minuty. Plátky jablek přendejte na talíř.

b) Zvyšte teplotu na vysokou, přidejte do pánve ¼ šálku cukru a vařte za častého míchání, dokud se cukr nerozpustí a nezezlátne, asi 3 minuty. Sundejte pánev z ohně a poskládejte plátky jablek do kruhového vzoru přes dno. Pánev dejte stranou.

c) Nakrájejte pekanové ořechy a přidejte je se 3 lžícemi cukru a skořicí. Dát stranou.

d) Mouku prosejeme s práškem do pečiva, jedlou sodou a solí; dát stranou.

e) V míse ušlehejte zbylé změklé máslo do zesvětlení. Postupně zašlehejte 1 hrnek cukru, vejce (po jednom), zakysanou smetanu a vanilkový extrakt. Suché ingredience vmícháme do těsta.

f) Nastavte rošt trouby do střední polohy a předehřejte troubu na 350 °F (175 °C).

g) Polovinou pekanové směsi posypte jablka naaranžovaná v pánvi. Polovinu dortového těsta opatrně rozprostřete prsty nebo lžící na pekanové ořechy. Nasypte zbývající pekanovou směs na těsto a poté na pekanové ořechy rozetřete zbývající těsto.

h) Koláč pečte, dokud není vršek zlatavý a párátko zapíchnuté do středu nevyjde čisté, asi 45 minut.

i) Dort nechte 5 minut vychladnout na mřížce. Přejeďte malým nožem po okraji dortu a opatrně vyklopte dort na servírovací talíř. Pokud se na pánvi přilepí plátky jablek, uvolněte je nožem a položte je na dort.

j) Jablečno-karamelový koláč vzhůru nohama podávejte mírně teplý nebo při pokojové teplotě. Při pokojové teplotě ji můžete skladovat až 2 dny. Užívat si!

37.Karamelové vanilkové espresso košíčky

SLOŽENÍ:
KOŠÍČKY:
- 3 ½ šálků univerzální mouky
- 1 ¼ šálku moučkového cukru
- 3 lžičky prášku do pečiva
- ½ lžičky jemné soli
- ½ šálku nesoleného másla, změkčeného
- 2 velká vejce
- 1 ½ šálku plnotučného mléka
- ½ šálku rostlinného oleje
- 2 lžíce řeckého jogurtu nebo zakysané smetany
- 1 lžička vanilkového extraktu nebo pasty z vanilkového lusku
- 5 lžic Kahlua
- ¾ šálku slané karamelové omáčky
- Kávová zrna na ozdobu

PLÁVA:
- 1 várka nadýchané vanilkové krémové polevy
- 5 lžic Kahlua

ČOKOLÁDOVÁ OMÁČKA VODKA:
- 1 ¼ šálku čokoládové omáčky
- 3 lžíce vodky

INSTRUKCE:
a) Předehřejte troubu na 160 °C (320 °F) u horkovzdušné trouby nebo 180 °C (356 °F) u běžné trouby. Formu na cupcaky vyložte vložkami na cupcaky.

b) V míse stojanového mixéru vybaveného lopatkovým nástavcem smíchejte mouku, prášek do pečiva, moučkový cukr a sůl. Mixujte na nízké rychlosti několik minut, dokud se vše dobře nespojí. Případně můžete suché ingredience prosít dohromady.

c) Přidejte změklé máslo k suchým přísadám a míchejte, dokud nebude připomínat jemnou pískovou texturu.

d) Ve velkém džbánu prošlehejte mléko, vejce, jogurt (nebo zakysanou smetanu), olej a vanilkový extrakt.

e) Postupně přidávejte mokré ingredience k suchým ingrediencím pomalým a stálým proudem a míchejte, dokud nejsou vidět žádné suché ingredience. Seškrábněte misku a míchejte dalších 20 sekund.
f) Každou vložku na košíčky naplňte asi do ¾. Naběračka zmrzliny může tento proces urychlit a usnadnit, nebo můžete použít dvě polévkové lžíce.
g) Košíčky pečte 20–25 minut, nebo dokud nevyjde zapíchnuté párátko čisté. Před polevou je nechte úplně vychladnout na mřížce.
h) Připravte vodku čokoládovou omáčku spojením vodky a čokoládové omáčky.
i) Na polevu smíchejte vanilkovou máslovou polevu s 5 lžícemi Kahlua.
j) Jakmile košíčky vychladnou, ponořte vrchní část každého košíčku do Kahlua a přebytek nechte okapat. Vykrojte střed každého košíčku a naplňte ho čokoládovou vodkou.
k) Nasaďte sáček se špičkou a koláčky namrazte do spirálového vzoru.
l) Každý cupcake dokončete kapkou slané karamelové omáčky a ozdobte dvěma kávovými zrny.

38. Čokoládová a karamelová pěna tiramisu

SLOŽENÍ:
- 400 g hořké čokolády, nasekané
- 400 g mléčné čokolády, nasekané
- 6 vajec, oddělených
- 1 ½ listů želatiny o síle titanu, změkčené ve studené vodě
- 900 ml zahuštěné smetany
- 2 lžičky pasty z vanilkového lusku
- ½ hrnku moučkového cukru
- 1 šálek kávového likéru
- 400 g beruškových sušenek
- Kakao, na prach

KARAMELOVÁ PĚNA
- 800 ml zahuštěné smetany
- 2 listy želatiny o síle titanu, změkčené ve studené vodě
- 2 x 250g sklenice dulce de leche, lehce rozklepané, aby se uvolnily

INSTRUKCE:
a) Vložte čokoládu do žáruvzdorné mísy umístěné nad hrncem s vroucí vodou a míchejte, dokud se nerozpustí a nebude hladká. Mírně ochlaďte a poté přeneste do stojanového mixéru s lopatkovým nástavcem.
b) Rozšleháme žloutky.
c) 300 ml smetany dejte do malého hrnce na mírný oheň a přiveďte k varu. Z želatiny vymačkejte přebytečnou vodu a vmíchejte do krému, dokud se nerozpustí a nespojí. Ve 3 dávkách zašleháme do čokoládové směsi do hladka. Přendejte do velké čisté mísy.
d) Zbylých 600 ml smetany vyšleháme s vanilkou do tuha. Chlaď.
e) Bílky vložíme do stojatého mixéru s nástavcem na šlehání a ušleháme do tuha. Přidejte cukr po 1 lžíci a šlehejte, dokud se nerozpustí a směs nebude lesklá.
f) Šlehačku vmícháme do čokoládové směsi, poté ve 2 dávkách vmícháme ušlehaný sníh z bílků. Chlaďte, dokud nebudete připraveni k sestavení.
g) Na karamelovou pěnu dejte 200 ml smetany do malého hrnce na mírném ohni a přiveďte k varu. Z želatiny vymačkejte přebytečnou vodu a vmíchejte do krému, dokud se nerozpustí a nespojí. Mírně

ochlaďte. Zbývajících 600 ml smetany dejte do stojanového mixéru s nástavcem na šlehání a vyšlehejte do měkkých špiček. Vmíchejte uvolněnou směs dulce de leche a želatinu, dokud se nespojí. Chlaďte 30 minut.

h) Kávový likér dejte do široké mísy. Polovinu beruškových sušenek namočte do likéru a ve dvojité vrstvě je urovnejte na základnu 6l servírovací misky. Nalijte polovinu čokoládové pěny.

i) Zbývající sušenky namočte do likéru a navrstvěte je ve dvojité vrstvě na pěnu. Navrch dáme karamelovou pěnu, povrch uhladíme paletovým nožem. Dejte na 2–3 hodiny do lednice, dokud neztuhne. Zbývající čokoládovou pěnu vložte do sáčku s 1 cm obyčejnou tryskou a chlaďte, dokud nebudete připraveni k použití.

j) Na karamelovou pěnu naneste zbývající čokoládovou pěnu. Dejte do lednice na 4-5 hodin nebo přes noc, dokud neztuhne. K podávání poprášíme kakaem.

39. Snicker karamelový jablečný koláč

SLOŽENÍ:
PRO KŮRU:
- 2 hrnky univerzální mouky
- ½ lžičky soli
- ⅔ šálku nesoleného másla, studeného a nakrájeného na malé kousky
- 4-5 lžic ledové vody

K NÁPLNĚ:
- 5–6 středně velkých jablek (jako je Granny Smith), oloupaných, zbavených jádřinců a nakrájených na tenké plátky
- ½ šálku krystalového cukru
- ¼ šálku univerzální mouky
- 1 lžička mleté skořice
- ¼ lžičky mletého muškátového oříšku
- ¼ lžičky soli
- 1 šálek tyčinek Snickers nakrájených na malé kousky
- ½ šálku karamelové omáčky

K NÁPLNĚ:
- ½ šálku univerzální mouky
- ½ šálku ovesných vloček
- ½ šálku hnědého cukru
- ¼ lžičky mleté skořice
- ¼ šálku nesoleného másla, rozpuštěného

INSTRUKCE:
a) Předehřejte troubu na 375 °F (190 °C).
b) Ve velké míse smíchejte mouku a sůl na kůrku. Přidejte studené máslo a vykrajovátkem nebo prsty nakrájejte máslo do mouky, až směs připomíná hrubou strouhanku.
c) Postupně přidávejte ledovou vodu, jednu polévkovou lžíci, za stálého míchání těsta vidličkou. Míchejte, dokud se těsto nespojí a nevytvoří kouli. Pozor, nepřemíchat.
d) Těsto rozdělte na poloviny a jednu část vyválejte na lehce pomoučené ploše. Přeneste válcované těsto do 9palcové koláčové misky a zatlačte jej na dno a po stranách. Přebytečné těsto ořízněte.

e) V samostatné misce smíchejte na náplň nakrájená jablka, krystalový cukr, mouku, skořici, muškátový oříšek a sůl. Míchejte, dokud nejsou jablka rovnoměrně obalená .

f) Nakrájené tyčinky Snickers rozložte na dno koláčové kůry . Vrstvu Snickers přelijte karamelovou omáčkou. Poté navrstvíme jablečnou směs.

g) V malé misce smíchejte mouku, ovesné vločky, hnědý cukr, skořici a rozpuštěné máslo na polevu. Míchejte, dokud se směs nestane drobivou.

h) Polevovou směs rovnoměrně potřeme jablečnou náplní.

i) Koláč volně zakryjte hliníkovou fólií a položte na plech, aby zachytil případné kapky. Pečte 40 minut.

j) Odstraňte fólii a pokračujte v pečení dalších 20–25 minut, nebo dokud není kůrka zlatavě hnědá a jablka měkká.

k) Po upečení koláč vyjměte z trouby a nechte vychladnout na mřížce.

l) Snickers Caramel Apple Pie podávejte teplý nebo při pokojové teplotě. Užívat si!

40. Karamelové popcorn extravaganza cupcakes

SLOŽENÍ:
KOŠÍČKY:
- 3 ½ šálků univerzální mouky
- 1 ¼ šálku superjemného moučkového cukru
- 3 lžičky prášku do pečiva
- ½ lžičky jemné soli
- ½ šálku nesoleného másla, změkčeného
- 2 velká vejce
- 1 ½ šálku plnotučného mléka
- ½ šálku rostlinného oleje
- 2 lžíce řeckého jogurtu nebo zakysané smetany
- 1 lžička vanilkového extraktu nebo pasty z vanilkového lusku
- 1 šálek Butterscotch omáčky
- ¾ šálku smetanové kukuřice
- Karamelový popcorn

PLÁVA:
- 1 várka polevy Fluffy Buttercream

INSTRUKCE:
CUPCAKES:

a) Předehřejte troubu na 180 °C (356 °F).

b) V míse stojanového mixéru s lopatkovým nástavcem smíchejte suché ingredience (mouku, moučkový cukr, prášek do pečiva a sůl) a mixujte při nízké rychlosti.

c) V samostatné misce smíchejte všechny mokré ingredience (jogurt, vejce, kukuřici, mléko, olej a vanilku).

d) Přidejte změklé máslo k suchým přísadám a míchejte, dokud se těsto nezdá zrnité s pískovou strukturou.

e) Postupně přidávejte mokré ingredience pomalým a stálým proudem a míchejte, dokud se dobře nespojí. Seškrábněte misku, abyste se ujistili, že jsou všechny ingredience začleněny.

f) Těsto naberte do připravených formiček na košíčky vyložených papírky na košíčky a naplňte je asi do ¾ těsta.

g) Pečte 20–25 minut, nebo dokud špejle zapíchnutá do středu nevyjde s vlhkou strouhankou.

h) Jakmile košíčky úplně vychladnou, pomocí nože nebo vykrajovátka na jablka vytvořte ve středu každého košíčku díru. Naplňte otvory máslovou omáčkou.

PLÁVA:

i) Připravte si dávku polevy Fluffy Buttercream.

SHROMÁŽDĚNÍ:

j) Použijte trysku s obyčejnou špičkou k potření košíčků s máslovou polevou.

k) Mražené košíčky pokapejte ještě máslovou omáčkou .

l) Každý košíček poklaďte shlukem karamelového popcornu.

41. Slaný karamel a ořech Dacquoise

SLOŽENÍ:
NA PUSINKY:
- 250 g moučkového cukru
- 150 g nasekaných lískových ořechů
- 150 g mletých mandlí
- 9 velkých vaječných bílků (nebo 360 g tekutého bílku)
- 100 g moučkového cukru

NA SLANÝ KARAMEL:
- 250 g moučkového cukru
- 150 ml dvojité smetany
- Špetka vloček mořské soli

PRO GANACHE:
- 100 g mléčné čokolády nalámané na kousky
- 50 g 70% hořké čokolády nalámané na kousky
- 150 ml dvojité smetany

PRO ITALSKÝ MÁSELNÝ MÁSEL:
- 3 velké bílky (nebo 120 g tekutého bílku)
- 280 g moučkového cukru
- 275 g změklého nesoleného másla
- 1 lžička vanilkové pasty

PRO VOŠTU:
- 350 g moučkového cukru
- 8 lžic zlatého sirupu
- 2 lžičky sody bikarbóny

OZDOBIT:
- 100 g strouhaných mandlí, opražených

PRO CUKROVÝ DOP (VOLITELNÉ):
- 100 g moučkového cukru
- 50 g tekuté glukózy

ZAŘÍZENÍ:
- 26 cm dortová forma
- Plechy na pečení 3x, každý vyložený pečicím papírem
- Teploměr na cukr
- Forma na pečení, vyložená pečicím papírem
- 20 cm žáruvzdorná mísa, vnější vršek pokrytý 2 vrstvami žáruvzdorné potravinářské fólie

- Střední potrubní sáček vybavený středně otevřenou hvězdicovou tryskou
- 16cm dortový prsten nebo vykrajovátka, olejovaná

INSTRUKCE:

a) Pomocí dortové formy jako vodítka nakreslete tužkou kolečko na každý papír, kterým jsou obloženy plechy na pečení. Vraťte kousky papíru na plechy tužkou dolů.

b) Zahřejte troubu na 190 °C/170 °C ventilátor/375 °F/plyn 5.

c) Připravte pusinky. Moučkový cukr, nasekané lískové ořechy a mleté mandle vysypte do kuchyňského robotu. Blizujte, dokud směs nepřipomíná jemnou strouhanku.

d) Bílky šlehejte v míse stojanového mixéru vybaveného šlehací metlou při střední rychlosti po dobu 3–5 minut, dokud bílek nezměkne.

e) Přidávejte cukr po 1 polévkové lžíci a mezi každým přidáváním dobře šlehejte na střední rychlost, dokud není směs hladká a cukr se důkladně nezapracuje. Pokračujte ve šlehání, dokud nepřidáte všechen cukr a pusinky nebudou zářivě bílé, hedvábně hladké a velmi tuhé (10–15 minut).

f) Pomocí velké kovové lžíce vmíchejte ořechovou směs a dávejte pozor, abyste z pusinky nevyrazili vzduch.

g) Pomocí lžíce rozdělte směs na pusinky rovnoměrně mezi tři plechy na pečení a rozprostřete ji na kotouč tak, aby vyplnil kruhovou šablonu.

h) Kolečka pusinek pečte 25 minut, dokud nebudou lehce zlaté. Vyjměte je z trouby a položte kolečka pusinek na mřížku. Necháme vychladnout a poté opatrně sloupneme pečicí papír.

i) Mezitím si připravte slaný karamel. Zahřejte cukr se 3 lžícemi vody v hrnci na mírném ohni a občas pánví jemně zakružte (ale nemíchejte), dokud se cukr nerozpustí.

j) Zvyšte teplotu, přiveďte sirup k varu a pokračujte ve vaření bez míchání, dokud nezíská jantarovou barvu, poté pánev stáhněte z plotny.

k) Za stálého míchání opatrně vlévejte smetanu a vločky mořské soli stálým proudem. Pokud karamel začne tuhnout, vraťte na oheň a šlehejte úplně do hladka. Nechte zcela vychladnout.

l) Udělejte čokoládovou ganache. Obě čokolády přendejte do žáruvzdorné mísy. Nalijte smetanu do středního hrnce a položte na střední teplotu. Přiveďte k varu, poté pánev ihned stáhněte z plotny a smetanu zalijte čokoládou. Nechte 2 minuty působit, dokud nebude hladká. Dát stranou.

m) Připravte si italský máslový krém. Vložte cukr a 3 lžíce vody do malého hrnce nastaveného na mírný oheň. Jakmile se cukr rozpustí, zvyšte teplotu k rychlému varu, dokud sirup nedosáhne na teploměru cukru 121 °C.

n) Mezitím šlehejte bílky v míse stojanového mixéru vybaveného šlehací metlou při střední rychlosti, dokud bílek nezměkne.

o) Sirup odstavte z plotny a šlehačem na plné otáčky pomalu tenkým pramínkem nalévejte horký sirup na bílky. Pokračujte ve šlehání, dokud nebude pusinka velmi hustá a lesklá a miska chladná na dotek.

p) Postupně přidávejte máslo a po každém přidání šlehejte, dokud nebude máslový krém hladký a hustý.

q) Vychladlý karamel nalijte do máslového krému a šlehejte, dokud se zcela nezapracuje. Ochlaďte máslový krém, dokud nebudete připraveni jej použít.

r) Vytvořte plástev. Cukr a zlatý sirup dejte do hluboké, střední pánve a dejte na mírný oheň. Jakmile se cukr a sirup rozpustí, zvyšte plamen k rychlému varu, dokud sirup nedosáhne na teploměru 150 °C.

s) Přidejte sodu bikarbonu a jemně prošlehejte. Bublající medovou směs rychle nalijeme do vyložené pečicí formy. Nechte úplně ztuhnout (jen pár minut), poté rozlámejte na střepy.

K SESTAVENÍ DACQUOISE

t) Jednu z vrstev pusinek položte na velký plochý servírovací talíř a potřete ji třetinou pusinkového krému. Navrch položte další vrstvu pusinky a potřete čokoládovou ganache. Nahoře s poslední vrstvou pusinky.

u) Nechte si ¼ zbývajícího máslového krému a zbytek rozetřete po vrchu a po stranách.

v) Lžící nalijte rezervovaný máslový krém do sáčku s hvězdicovou tryskou a krouživými pohyby meringue máslového krému kolem horního okraje dacquoise.

w) Na boky dacquoise přitlačte opečené mandle a vložte je do lednice vychladit.

x) Pokud používáte, vytvořte cukrovou kopuli. Vložte cukr, glukózu a 3 polévkové lžíce vody do malého hrnce nastaveného na mírný oheň. Jakmile se cukr rozpustí, zvyšte plamen k rychlému varu, dokud sirup nedosáhne na teploměru 145 °C. Cukr ochlaďte, dokud teplota neklesne na 115 °C.

y) Umístěte dortový kroužek na povrch přilnavé fólie nad mísou a opatrně nalijte sirup do středu kroužku. Jemně zatlačte konečky prstů na vnější stranu dortového kroužku a povzbuzujte cukrovou kupoli, aby se pomalu zvedla nahoru. Udržujte rovnoměrný tlak po dobu 5–10 minut, dokud se kopule usadí. Opatrně vyjměte dortový prsten ze základny cukrové kupole.

z) Kolem okraje dacquoise položte úlomky plástve, abyste vytvořili prstenec s máslovým krémem a doprostřed naaranžujte plástev. Pokud jste vyrobili cukrovou kopuli, umístěte ji doprostřed dacquoise.

aa) Ihned podávejte.

42. Jablečný koláč se slaným karamelem

SLOŽENÍ:
KORÁČOVÁ KŮRA (Vyrábí: 2 KŮRKY):
- 2 ½ šálku univerzální mouky
- 1 lžička košer soli
- 1 lžička krystalového cukru
- ½ kila studeného nesoleného másla
- 1 šálek studené vody
- ¼ šálku jablečného octa

KARAMEL (stačí: DOST NA 2 KOLÁČKY):
- 1 šálek krystalového cukru
- ¼ šálku nesoleného másla
- ½ šálku husté smetany ke šlehání
- ½ lžičky mořské soli

NÁPLŇ JABLKOVÉHO KORÁTU (Stačí: STAČÍ NA 1 KOLÁČ):
- 3 libry jablek Granny Smith
- 1 lžička krystalového cukru
- Citronová šťáva podle potřeby (asi ¼ šálku)
- 2-3 kapky Angostura Bitters
- ⅓ šálku cukru v syrovém stavu
- ¼ lžičky mleté skořice
- ¼ lžičky mletého nového koření
- Špetka čerstvě nastrouhaného muškátového oříšku
- ¼ lžičky košer soli
- 2 lžíce univerzální mouky
- 2 lžíce kukuřičného škrobu
- 1 vejce (na mytí vajec)
- Cukr v syrovém stavu na závěr

INSTRUKCE:
NA KOLÁČOVOU KŮRU:
a) V misce smíchejte mouku, sůl a cukr.

b) Studené máslo nastrouhejte pomocí struhadla na sýr do moučné směsi.

c) Odděleně smíchejte vodu a ocet v malé misce. Uchovávejte v chladu.

d) Rukama promíchejte a pomalu přidávejte 2 polévkové lžíce směsi vody a octa do směsi mouky, dokud se nespojí. Nějaký
e) mohou zůstat suché kousky; to je v pořádku.
f) Těsto rozdělte na 2 části a každou část zvlášť zabalte do plastové fólie. Dejte do lednice vychladit alespoň na hodinu nebo přes noc. Poznámka: Lze zmrazit až na 3 týdny.
g) Jeden díl chlazeného koláčového těsta vyválejte zvlášť (každý díl je jedna kůrka) na lehce pomoučněnou plochu.
h) Umístěte srolovanou kůru do 9palcové vymazané koláčové formy.

NA KARAMEL:
i) V hrnci na mírném ohni rozpustíme cukr. NENECHTE to hořet.
j) Jakmile se cukr rozpustí, stáhněte z ohně. Vyšleháme máslo.
k) Vmícháme hustou smetanu ke šlehání a mořskou sůl.
l) Nechat vychladnout.

NA NÁPLŇ JABLKOVÉHO PÁRU:
m) Jablka oloupejte, zbavte jádřinců a nakrájejte. Vložte do 8litrové nádoby. Každý kousek pokapeme citronovou šťávou a 1 lžící krupicového cukru.
n) Posypte jablka Bittery, syrovým cukrem, mletou skořicí, novým kořením, muškátovým oříškem, košer solí, univerzální moukou a kukuřičným škrobem.
o) Dobře promíchejte.
p) Pevně navrstvěte jablka do připravené skořápky koláče, jablka mírně navršte do středu.
q) Na jablka rovnoměrně nalijte ¾ šálku vychladlé karamelové omáčky.
r) Vyválejte zbývající těsto na koláč jako vrchní kůrku na koláč; v případě potřeby vytvořte mřížku. Okraje dvou koláčových kůrek přimáčkněte k sobě.
s) Před pečením koláč 10-15 minut chlaďte.
t) Pečte 20 minut na 400 stupňů; pečte dalších 30 minut při 375 stupních. Ujistěte se, že koláč otočíte, pokud na jednom okraji během pečení ztmavne.
u) Před podáváním nechte 2-3 hodiny vychladnout. Nakrájíme na 7 plátků.

43. Klasický francouzský Crème au Caramel

SLOŽENÍ:
- 1 ½ šálku cukru, rozdělený
- ¼ lžičky citronové šťávy
- 2 šálky plnotučného mléka
- 1 šálek husté smetany
- 2 velká vejce
- 3 velké žloutky
- 1 špetka soli
- 2 lžičky čistého vanilkového extraktu

INSTRUKCE:
a) Předehřejte troubu na 325 °F (163 °C).
b) Do hrnce přidejte 1 šálek cukru spolu s citronovou šťávou a 2 lžičkami vody.
c) Zahřívejte na středně mírném ohni a míchejte vařečkou nebo krouživým pohybem pánve, dokud cukr nezíská tmavě hnědou barvu, což trvá asi 6 až 8 minut. Buďte opatrní a nenechávejte hrnec bez dozoru, protože karamel se může snadno připálit.
d) Stejně tak rozdělte karamel na spodní část 4 až 5 (6 uncí) ramekinů.
e) Krouživým pohybem karamelem potřete dno a jen mírně nahoru po stranách každého ramekinu. Dejte je stranou.
f) V samostatném hrnci zahřejte mléko a hustou smetanu na středně mírném ohni, dokud nebudou horké, ale ne vroucí. Odstraňte z ohně.
g) Ve velké míse šlehejte dohromady vejce, žloutky a ½ šálku cukru, dokud se dobře nespojí.
h) Pomalu zašlehejte horké mléko a po naběračce jej přidávejte, dokud se zcela nezapracuje do vajec. Poté zašleháme sůl a vanilkový extrakt.
i) Nalijte pudinkovou směs na karamel v každém ramekinu.
j) Vložte ramekiny do pekáče. Opatrně nalijte vroucí vodu na dno pekáče, dávejte pozor, abyste ji nepostříkali nebo nenalili do hrnců.
k) Pekáč položte na spodní mřížku trouby a pečte 20 až 25 minut, nebo dokud se pudink stále netřepe, ale je právě ztuhlý.
l) Vyjměte ramekiny z pekáče pomocí kleští nebo horké podložky. Nechte je mírně vychladnout, poté je zabalte do plastové fólie a dejte do chladničky alespoň na 3 hodiny nebo až 24 hodin.
m) Chcete-li podávat, použijte ostrý nůž, abyste uvolnili pudink podél okraje každého ramekinu. Poté pudink překlopte na talíř a ihned podávejte.
n) Vychutnejte si svůj lahodný klasický francouzský Crème au Caramel!

44.Turecký oříškový karamelový rýžový nákyp

SLOŽENÍ:
- 1 šálek nalámané rýže
- 1 šálek horké vody
- 5 šálků mléka
- 1 šálek husté smetany
- 1 šálek krystalového cukru
- 1 lžíce rýžové mouky
- 1 balíček vanilkového extraktu

Na polevu:
- 1 šálek krystalového cukru
- ¼ šálku husté smetany
- 1 šálek lískových ořechů

INSTRUKCE:

a) V horké vodě vařte rýži 5 minut. Poté přidejte ohřáté mléko a za rychlého míchání vařte, dokud rýže nezměkne.

b) V samostatné misce smíchejte hustou smetanu, krystalový cukr a rýžovou mouku. Poté tuto směs přidejte do hrnce a rychle promíchejte. Když zhoustne, přidejte vanilkový extrakt a promíchejte.

c) Směs rozdělte do servírovacích misek a dejte stranou.

d) Na polevu rozpusťte krystalový cukr v samostatném hrnci. V jiné nádobě zahřejte hustou smetanu. Do smetany přidejte rozpuštěný cukr a promíchejte. Nechat vychladnout.

e) Na pánvi opražte lískové ořechy a poté je přidejte do vychladlé karamelové směsi.

f) Každou porci rýžového nákypu přelijte lžící oříškové karamelové směsi.

g) Podávejte a vychutnejte si svůj oříškový karamelový rýžový nákyp!

45.Karamelová Macchiato Mousse

SLOŽENÍ:
- 1 šálek husté smetany
- 2 lžíce moučkového cukru
- 2 lžíce karamelové omáčky
- 2 polévkové lžíce instantních kávových granulí
- ½ lžičky vanilkového extraktu
- Šlehačka a karamelová kapka na ozdobu (volitelně)

INSTRUKCE:
a) V míse ušlehejte smetanu, moučkový cukr, karamelovou omáčku, instantní kávu a vanilkový extrakt, dokud se nevytvoří měkké vrcholy.
b) Rozdělte pěnovou směs do servírovacích sklenic nebo misek.
c) Dejte do lednice alespoň na 2 hodiny, aby pěna ztuhla.
d) Před podáváním ozdobte podle chuti kopečkem šlehačky a kapkou karamelové omáčky.

46.Pomerančové Bavarois s karamelem

SLOŽENÍ:
PRO BAVAROIS:
- 3 pomeranče
- ½ citronu
- 3 vejce
- 100 g cukru
- 4 plátky želatiny
- 250 ml smetany
- 1 střela Cointreau

NA KARAMEL:
- 100 g cukru

INSTRUKCE:
a) Dva ze tří pomerančů vymačkejte a šťávu přeceďte přes jemné sítko. Do šťávy přidejte šťávu z půlky citronu a trochu jemně nastrouhané citronové kůry.
b) Plátky želatiny namočíme do studené vody a vyšleháme smetanu.
c) Přiveďte k varu trochu vody (v pánvi). To bude použito pro šlehání vajec ve vodní lázni.

ŠLECHÁNÍ:
d) Přidejte vejce do žáruvzdorné misky a tuto misku položte na pánev. Ujistěte se, že se miska nedotýká vody.
e) Jakmile se voda vaří, snižte teplotu. Vejce šlehejte metličkou, dokud nebudou světle žlutá a nadýchaná. Odstraňte všechny velké bubliny.

ŽELATINA:
f) Do pekáče nalijte trochu pomerančové šťávy, přidejte plátky želatiny a přiveďte k varu, aby se všechna želatina rozpustila.
g) Do žáruvzdorné mísy pomalu nalijte zbytek pomerančové šťávy a Cointreau. Po lžících přidáváme cukr. Šlehejte dalších 5 minut.
h) Odstavte misku z plotny a vlijte do ní teplou pomerančovou šťávu (s želatinou). Šlehejte další 2 minuty a poté přidejte šlehačku.
i) Směs Bavarois nalijeme do sklenic a dáme do lednice na cca 4-6 hodin.

KARAMEL:

j) Do nepřilnavého pekáče přidejte cukr a 4 lžíce vody. Boky pánve potřete vodou, abyste zabránili krystalizaci.
k) Karamel připravte na mírném a středním ohni.
l) Na pečící papír rozdělte tenkou vrstvu oleje a vložte do žáruvzdorné hluboké misky.
m) Když je karamel hnědý, opatrně jej nalijte do hluboké misky. Nechte karamel úplně vychladnout.
n) Bavarois položte na plátky pomeranče a vychladlý karamel.

47. Rozmarýnový karamelový hrnec de crème

SLOŽENÍ:
- 2 šálky plnotučného mléka
- 1 šálek krystalového cukru
- 1 snítka čerstvého rozmarýnu
- 6 velkých žloutků
- 1 lžička vanilkového extraktu
- Vločková mořská sůl na ozdobu

INSTRUKCE:
a) V hrnci zahřejte plnotučné mléko a krystalový cukr, dokud se nerozvaří.
b) Do mléčné směsi přidejte snítku čerstvého rozmarýnu a nechte 15 minut louhovat.
c) Vyjměte rozmarýn a vraťte mléčnou směs k varu.
d) V samostatné misce šlehejte dohromady žloutky a vanilkový extrakt, dokud se dobře nespojí.
e) Horkou mléčnou směs s rozmarýnem za stálého šlehání pomalu přilévejte ke žloutkům.
f) Směs nalijte do jednotlivých kelímků de creme cups a před podáváním dejte chladit alespoň na 3 hodiny.
g) Před podáváním posypte špetkou vločkové mořské soli na vrchol každého hrnec de creme.

48.Tiramisu Flan

SLOŽENÍ:
PRO KARAMEL
- 150 g cukru
- 15 g vody
- 10 g citronové šťávy

PRO FLAN
- 284 g Mascarpone 0% laktóza
- 284 g mléka bez laktózy
- 270 g vajec (4 l vajec)
- 160 g cukru
- 10g instantní káva

INSTRUKCE:
KARAMEL :
a) Do hrnce dejte cukr, citron a vodu.
b) Dáme na střední teplotu a necháme, dokud nezezlátne.
c) Horký karamel vložte do formy na dariole.

DORT
a) Mascarpone 0% laktózu smíchejte se všemi ostatními ingrediencemi pomocí mixéru.
b) Krémovou směs nalijte do karamelizované formy a pečte při 150ºC v troubě s dvojitým kotlem po dobu 30 minut.
c) Vyjměte z trouby a před vyklopením uložte na 2 hodiny do lednice.

49.Vaflové poháry s karamelovou omáčkou

SLOŽENÍ:
- Vafle
- Vanilková zmrzlina
- Karamelová omáčka
- Polevy dle vlastního výběru: šlehačka, čokoládový sirup, sekané ořechy, posypky atd.

INSTRUKCE:
a) Připravte si vafle podle svých preferencí. Můžete použít toustovač nebo troubu k zahřátí předem připravených vaflí nebo k přípravě čerstvých vaflí pomocí vaflovače.
b) Jakmile jsou vafle hotové, nechte je mírně vychladnout, aby byly teplé, ale ne příliš horké.
c) Položte teplou vafle na talíř nebo do misky jako základ vašeho poháru.
d) Navrch vafle přidejte kopeček nebo dvě vanilkové zmrzliny.
e) Zmrzlinu pokapejte velkým množstvím karamelové omáčky.
f) Přidejte jakékoli další polevy, které si přejete, jako je šlehačka, čokoládový sirup, nasekané ořechy nebo sypání.
g) Vrstvy opakujte s další vaflí, zmrzlinou, karamelovou omáčkou a podle potřeby polevou.
h) Okamžitě podávejte vaflový pohár a vychutnejte si kombinaci křupavých vaflí, smetanové zmrzliny a lahodné karamelové omáčky.

50.B anana Karamelový krém Crêpe s

SLOŽENÍ:
NA DOMÁCÍ KRÉMOVÝ KARAMEL:
- 1 šálek krystalového cukru
- ¼ šálku vody
- 4 velká vejce
- ½ šálku krystalového cukru
- 2 šálky plnotučného mléka
- 1 lžička vanilkového extraktu

PRO CÊPES:
- 6 hotových palačinek

DO BANÁNOVÉ KARAMELOVÉ KRÉMOVÉ NÁPLNĚ:
- 4 banány, dělené použití
- 8-uncová nádoba na domácí smetanový karamel
- Ochucený jogurt
- ½ šálku šlehačky nebo mražené nemléčné šlehačky, rozmražené, plus další na ozdobu
- Javorový nebo čokoládový sirup

INSTRUKCE:
PŘIPRAVTE DOMÁCÍ KRÉMOVÝ KARAMEL:
a) V malém hrnci smíchejte 1 šálek krystalového cukru a ¼ šálku vody.
b) Směs zahřejte na středně vysokou teplotu bez míchání.
c) Nechte vařit, dokud nezíská tmavě jantarovou barvu. Občas pánví zakružte, abyste zajistili rovnoměrnou karamelizaci. To může trvat asi 8–10 minut.
d) Jakmile karamel dosáhne požadované barvy, okamžitě jej nalijte na dno 9palcové kulaté dortové formy. Nakloňte pánev, aby se dno rovnoměrně pokrylo .
e) Karamelem potaženou pánev dejte stranou, aby vychladla a ztuhla.

PŘIPRAVTE KRÉD:
f) V míse prošlehejte 4 velká vejce a ½ šálku krupicového cukru, dokud se dobře nespojí.
g) Do směsi vaječného cukru postupně za stálého šlehání přidávejte 2 hrnky plnotučného mléka.
h) Pro dochucení pudinku vmíchejte 1 lžičku vanilkového extraktu.
i) Předehřejte troubu na 350 °F (175 °C).

j) Pudinkovou směs opatrně přelijeme na ztuhlý karamel v dortové formě.
k) Umístěte dortovou formu do větší, žáruvzdorné formy (jako pekáč).
l) Vytvořte vodní lázeň přidáním horké vody do větší nádoby, dokud nebude sahat do poloviny stěn dortové formy. To pomáhá zajistit rovnoměrné vaření a hladkou texturu vašeho karamelového krému.
m) Větší misku přikryjte hliníkovou fólií.
n) Celé nastavení vložte do předehřáté trouby.
o) Pečte asi 45–50 minut, nebo dokud pudink neztuhne, ale ve středu se stále mírně chvěje.
p) Vyjměte pánev z trouby a nechte ji vychladnout na pokojovou teplotu.
q) Po vychladnutí dejte karamelový krém do lednice alespoň na 4 hodiny nebo přes noc, abyste dosáhli nejlepších výsledků.
r) Při podávání přejeďte nožem po okraji pánve, aby se karamel uvolnil. Položte servírovací talíř dnem vzhůru na pánev a rychle jej otočte, aby se na talíř uvolnil karamel. Karamel po pudinku přeteče a vytvoří krásnou polevu.
s) Nakrájejte a podávejte svůj domácí smetanový karamel s karamelovou omáčkou pokapanou pudinkem.
t) Nechte vychladnout a poté chlaďte, dokud neztuhne.
u) Připravte si banánovou karamelovou krémovou náplň:
v) Vložte 2 banány do kuchyňského robotu nebo mixéru a rozmixujte do hladka.
w) K rozmixovaným banánům přidejte jogurt a míchejte, dokud se dobře nespojí.
x) Vmíchejte ½ šálku šlehačky nebo rozmražené nemléčné šlehačky.

SESTAVTE PLÁNKY:
y) Na každý servírovací talíř položte Crêpe.
z) Domácí smetanový karamel rozdělte rovnoměrně na každý Crêpe.
aa) Zbývající banány nakrájejte na mince.
bb) Zbývající plátky banánu rozdělte na krémový karamel na každém Crêpe.
cc) Ke každému Crêpe přidejte kopeček šlehačky nebo nemléčné šlehačky.
dd) Každý Crêpe pokapejte javorovým nebo čokoládovým sirupem.

51. Sendviče s ořechovou a karamelovou zmrzlinou

SLOŽENÍ:
- 1 ½ šálku univerzální mouky
- ½ lžičky jedlé sody
- ¼ lžičky soli
- ½ šálku nesoleného másla, změkčeného
- ½ šálku krystalového cukru
- ½ šálku baleného hnědého cukru
- 1 velké vejce
- 1 lžička vanilkového extraktu
- ½ šálku nasekaných vlašských ořechů
- 1-litrová karamelová vířivá zmrzlina
- Karamelová omáčka na pokapání

INSTRUKCE:
a) Předehřejte troubu na 375 °F (190 °C) a vyložte plech pečicím papírem.
b) V míse smíchejte mouku, jedlou sodu a sůl.
c) V samostatné mixovací misce ušlehejte změklé máslo, krystalový cukr a hnědý cukr, dokud nebudou světlé a nadýchané. Přidejte vejce a vanilkový extrakt a míchejte, dokud se dobře nespojí.
d) Do máslové směsi postupně přidávejte suché ingredience a míchejte, dokud se nespojí. Vmícháme nasekané vlašské ořechy.
e) Zaoblené polévkové lžíce těsta dejte na připravený plech na pečení ve vzdálenosti asi 2 cm od sebe. Každou kouli těsta mírně zploštíme dlaní.
f) Pečte 10–12 minut, nebo dokud nejsou okraje zlatavě hnědé. Sušenky nechte úplně vychladnout.
g) Vezměte kopeček karamelové vířivé zmrzliny a vložte ji mezi dvě sušenky. Zalijeme karamelovou omáčkou.
h) Zmrzlinové sendviče dejte do mrazáku alespoň na 1 hodinu, aby před podáváním ztuhly.

52. Spálený karamelový bourbon a karamelová zmrzlina

SLOŽENÍ:
- 1 ½ šálku plnotučného mléka
- 1 ½ lžičky kukuřičného škrobu
- ½ šálku vašeho oblíbeného bourbonu
- 1 ¼ šálku husté smetany
- 2 lžíce světlého kukuřičného sirupu
- 4 lžíce sýra mascarpone, změkl
- ¼ lžičky soli
- ⅔ šálku krystalového cukru
- ¾ šálku kousků karamely z mléčné čokolády, jako jsou Heath chipsy nebo nasekaná Heath tyčinka

INSTRUKCE:
a) Odměřte mléko. Vezměte 2 polévkové lžíce mléka a za stálého šlehání smíchejte s kukuřičným škrobem a vytvořte kaši. Dát stranou. Přidejte bourbon do mléka.

b) Odměřte hustou smetanu a přidejte do ní kukuřičný sirup. Do velké mísy přidejte mascarpone a zašlehejte sůl. Dát stranou.

c) Připálený karamel vytvoříte tak, že rozehřejte velký kastrol na střední teplotu a přidejte cukr, ujistěte se, že je v jedné vrstvě a zakryjte celé dno hrnce. Sledujte cukr, dokud se nezačne rozpouštět a vnější strany zkaramelují a nerozpustí se.

d) Jakmile ve středu zůstane jen malé množství bílého cukru, použijte žáruvzdornou stěrku a seškrábněte rozpuštěný cukr ze stran do středu.

e) Takto pokračujte, dokud se všechen cukr nerozpustí , a dobře promíchejte. Sledujte, jak cukr začíná bublat, a jakmile okraje bublají a uvolňují kouř a cukr získá tmavě jantarovou barvu, odstraňte ho z tepla. Jediný způsob, jak to skutečně posoudit těsně předtím, než to BURN spálí, je opatrně stát nad vrcholem a přičichnout/sledovat. Ve chvíli, kdy ji stáhnete z ohně, přidejte několik lžic směsi smetany/kukuřičného sirupu a neustále šlehejte, aby se spojila. Za stálého šlehání pomalu velmi pomalu přidávejte zbývající smetanu.

f) Umístěte hrnec zpět na střední teplotu a přidejte směs mléka a bourbonu. Směs přiveďte k varu.

g) Vařte 4 minuty. Odstraňte z ohně a zašlehejte kaši z kukuřičného škrobu, šlehejte, aby se spojila. Umístěte zpět na oheň a vařte další 1-

2 minuty, míchejte stěrkou, dokud mírně nezhoustne. Směs opatrně nalijte do velké mísy s mascarpone a šlehejte, aby se spojila.

h) Naplňte velkou misku ledem a ledovou vodou a do vody umístěte otevřený sáček na zip o velikosti galonů, dnem dolů. Směs opatrně nalijte do sáčku, vytlačte vzduch a uzavřete. Chlaďte 30-45 minut.

i) Po vychladnutí šlehejte podle návodu.

j) Po stloukání rozložte do nádoby vhodné do mrazáku a navrch položte kousek plastového obalu, který přitisknete ke zmrzlině. Před podáváním zmrazte na 4–6 hodin. Poznámka: tato zmrzlina je měkká!

53.Karamelové macchiato Affogato

SLOŽENÍ:

- 1 kopeček karamelového gelata nebo zmrzliny
- 1 panák espressa
- karamelový sirup
- šlehačka .

INSTRUKCE:
a) Do servírovací sklenice vložte kopeček karamelového gelata nebo zmrzliny.
b) Gelato zalijte panákem horkého espressa.
c) Pokapeme karamelovým sirupem.
d) Navrch dáme šlehačku.

54.Karamelové gelato

SLOŽENÍ:

- 2 šálky plnotučného mléka
- ¼ šálku vaječných žloutků
- ¼ šálku bílého krystalového cukru
- ¼ lžičky vanilkového extraktu
- ½ šálku karamelové omáčky
- 1 šálek husté smetany
- ⅛ lžičky soli

INSTRUKCE:

a) Smíchejte plnotučné mléko a hustou smetanu v malém hrnci a přiveďte k varu na středním plameni. Vypněte teplo hned, jak se vaří, a sundejte pánev z horké varné desky.

b) Přidejte karamelovou omáčku do mléčné směsi a promíchejte, aby se spojila.

c) Zatímco čekáte, až se směs smetany a mléka uvaří, šlehejte žloutky a cukr, dokud nezblednou a nezpění. K provedení tohoto kroku možná budete chtít použít elektrický mixér, protože budete muset chvíli šlehat!

d) Zatímco šleháte žloutky, do žloutků pomalu přilévejte horkou mléčnou směs za stálého šlehání a přilévání, abyste omylem neuvařili vejce teplem z mléka.

e) Přidejte směs mléka a vajec zpět do hrnce a vraťte se na sporák a vařte na mírném ohni, dokud není směs dostatečně hustá, aby pokryla zadní stranu lžíce. ale přitom se musíte ujistit, že budete míchat. Nenechte mléko vařit a pokud uvidíte, že se ve směsi začnou tvořit hrudky, stáhněte směs z ohně a propasírujte ji přes sítko.

f) Gelato mix necháme v lednici zcela zakryté vychladit alespoň 4 hodiny nebo pokud možno přes noc.

g) Jakmile směs gelato vychladne, nalijte ji do stroje na zmrzlinu a zmrazte gelato podle pokynů stroje na zmrzlinu. Gelato bude mít texturu měkké servírované zmrzliny, až bude hotové ve zmrzlinovém stroji. V této fázi jej naberte do nádoby vhodné do mrazáku a dejte do mrazáku alespoň na dvě hodiny. Podávejte pěkně vychlazené, když jste připraveni si pochutnat!

55.Rolovaná zmrzlina Coconut – Cajeta

SLOŽENÍ:
CAJETA
- 2 šálky kozího mléka
- 1 šálek krystalového cukru
- ½ lžičky vanilkového extraktu

ZÁKLADNA
- 1 šálek smetany
- ½ šálku kondenzovaného mléka
- 2 až 3 kapky kokosového extraktu
- ⅓ šálku Cajeta

INSTRUKCE:
CAJETA
a) V hrnci se silným dnem smíchejte kozí mléko a cukr.
b) Směs zahřívejte na mírném ohni za stálého míchání, dokud se cukr nerozpustí.
c) Jakmile se cukr rozpustí, zvyšte teplotu na střední a směs přiveďte k varu.
d) Snižte teplotu na minimum a za občasného míchání dále vařte asi 1 až 1,5 hodiny nebo dokud směs nezhoustne a nezbarví se do karamelu.
e) Sundejte z ohně a vmíchejte vanilkový extrakt.
f) Před použitím v receptu na zmrzlinu nechte cajetu vychladnout na pokojovou teplotu.

ZÁKLADNA
g) Do čistého a velkého pekáčku přidejte smetanu a kondenzované mléko.
h) Do směsi přidejte 2 až 3 kapky kokosového extraktu.
i) Poté smetanovou směs rovnoměrně pokapejte ⅓ šálkem domácí cajety.
j) Pomocí stěrky směs rovnoměrně rozetřete na plech.
k) Vložte plech do mrazáku a nechte přes noc zmrazit.
l) Druhý den vyndejte tác z mrazáku a nechte pár minut uležet při pokojové teplotě, aby lehce změkl.
m) Stejnou stěrkou opatrně rolujte zmrzlinu z jednoho konce tácku na druhý, čímž vytvoříte zmrzlinové rohlíčky.
n) Podávejte a podle potřeby ozdobte extra domácí cajetou.

56. Dulce De Leche Baileys Pops

SLOŽENÍ:
PRO DULCE DE LECHE:
- 1 plechovka (14 uncí) slazeného kondenzovaného mléka

PRO POPS:
- 8 uncí smetanového sýra – změkčeného
- ½ šálku cukru
- ½ šálku zakysané smetany
- ¾ šálku půl na půl
- ¼ šálku Baileys - plus 2 polévkové lžíce
- ⅔ šálek dulce de leche
- ½ šálku cereálií skořice - drcené

INSTRUKCE:
PRO DULCE DE LECHE:
a) Slazené kondenzované mléko nalijte do hrnce.
b) Za stálého míchání zahřejte na mírném až středně mírném ohni.
c) Pokračujte ve vaření a míchejte asi 1 až 1,5 hodiny nebo dokud směs nezhoustne a nezbarví se do karamelu.
d) Před použitím v receptu na pops odstraňte z tepla a nechte vychladnout na pokojovou teplotu.

PRO POPS:
e) V misce vašeho stolního mixéru, vybaveného lopatkovým nástavcem, šleháme smetanový sýr a cukr, asi 3 minuty. Seškrábněte po stranách a přidejte zakysanou smetanu, půl na půl a ¼ šálku Baileys. Šlehejte, dokud se při nízké rychlosti nespojí.
f) Nalijte vrstvu směsi do 8 formiček nebo malých košíčků.
g) Vložte do mrazáku a nechte 2 hodiny tuhnout.
h) Smíchejte dulce de leche a zbývající 2 polévkové lžíce Baileys v misce. Naberte ⅔ do sáčku na zip a ustřihněte roh.
i) Vyndejte pops z mrazáku a na každý vymačkejte vrstvu dulce de leche. Přidejte popstick a naplňte zbývající směsí smetanového sýra. Vložte do mrazáku, dokud neztuhne, o 4 až 6 hodin déle.
j) Až budete připraveni k podávání, ponořte lupínky do zbývající směsi dulce de leche a poté je obalte v drcených cereáliích. Ihned podávejte.

57.Karamelové čokoládové Éclairs

SLOŽENÍ:

- 12 nábojnic Eclair, neplněných
- 2 šálky karamelového cukrářského krému, vychlazeného
- 1 šálek čokoládové ganache při pokojové teplotě

INSTRUKCE:

a) Pomocí malého odřezávacího nože vytvořte na každém konci každého zákusku malý otvor.

b) Vychlazeným karamelovým cukrářským krémem naplňte cukrářský sáček opatřený malou hladkou špičkou.

c) Vložte špičku do jednoho otvoru eclair a jemně stiskněte, aby se naplnil. Opakujte postup pro další otvor.

d) Pokračujte v plnění každé zákusky, dokud nebudou všechny naplněny lahodným karamelovým cukrářským krémem.

e) Pomocí malé ofsetové špachtle rovnoměrně potřete každý zákusek čokoládovou ganache při pokojové teplotě .

f) Před podáváním těchto lahodných karamelových čokoládových zákusků nechte ganache ztuhnout.

58. Kávové karamelové zrcadlo glazované Éclairs

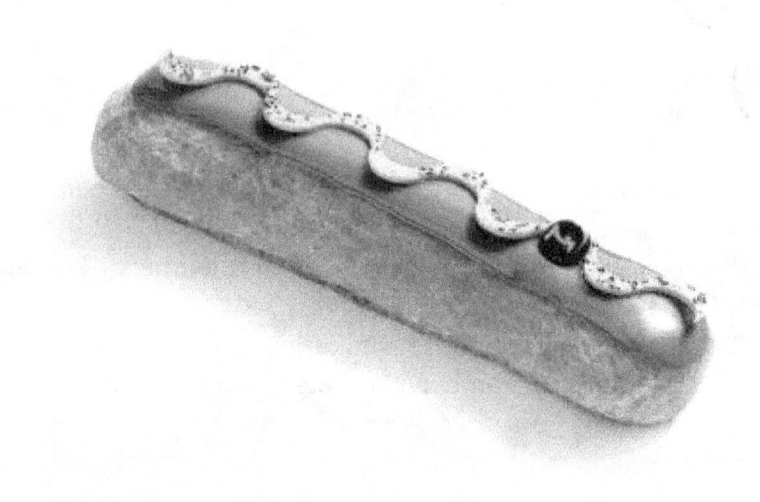

SLOŽENÍ:
PRO CHOUX PISTRY:
- 1 šálek vody
- ½ šálku nesoleného másla
- 1 hrnek univerzální mouky
- 4 velká vejce

K NÁPLNĚ:
- 2 šálky cukrářského krému
- 2 lžíce instantní kávy
- ½ šálku karamelové omáčky

NA KARAMELOVOU KARAMELOVOU ZRCADLNOU PLAVINU:
- ½ šálku vody
- 1 šálek krystalového cukru
- ½ šálku slazeného kondenzovaného mléka
- 1 ½ šálku tmavé čokolády, nasekané
- 2 lžíce instantní kávy

INSTRUKCE:
CHOUX PEČIVO:

a) V hrnci smíchejte vodu a máslo. Přivést k varu.
b) Přidejte mouku a intenzivně míchejte, dokud se ze směsi nevytvoří koule. Odstraňte z tepla.
c) Nechte těsto mírně vychladnout, poté po jednom přidávejte vejce a po každém přidání dobře promíchejte.
d) Těsto přendejte do vykrajovacího sáčku a položte na plech.
e) Pečte v předehřáté troubě na 375 °F (190 °C) po dobu 25-30 minut nebo do zlatohnědé.

PLNICÍ:

f) Jakmile zákusky vychladnou, rozřízněte je vodorovně na polovinu.
g) Rozpusťte instantní kávu v malém množství horké vody. Vmícháme do cukrářského krému.
h) Karamelovou omáčku zapracujte do krému na pečivo s kávovou příchutí, dokud se dobře nespojí.
i) Naplňte každý eclair kávovou karamelovou náplní pomocí sáčku nebo lžičky.

KÁVA KARAMELOVÁ ZRCADLOVÁ PLAVA:
j) V hrnci smíchejte vodu, cukr a slazené kondenzované mléko. Přiveďte k varu.
k) Odstraňte z ohně a přidejte hořkou čokoládu a instantní kávu. Míchejte do hladka.
l) Nechte polevu vychladnout na 90-95 °F (32-35 °C).

SHROMÁŽDĚNÍ:
m) Na plech umístěte mřížku, aby zachytila přebytečnou polevu.
n) Ponořte horní část každého zákusku do zrcadlové glazury kávového karamelu, čímž zajistíte rovnoměrný povlak.
o) Nechte odkapat přebytečnou polevu a poté zákusky přeneste na mřížku.
p) Před podáváním nechte polevu asi 15 minut tuhnout.
q) Vychutnejte si lahodnou kávu s karamelovým zrcadlem glazovaným Éclairs!

59. Pekanový karamel Éclairs

SLOŽENÍ:
PRO CHOUX PISTRY:
- 1 šálek vody
- ½ šálku nesoleného másla
- 1 hrnek univerzální mouky
- 4 velká vejce

K NÁPLNĚ:
- 2 šálky cukrářského krému s karamelovou příchutí
- Nakrájené pekanové ořechy na ozdobu

NA KARAMELOVOU glazuru:
- 1 šálek krystalového cukru
- ¼ šálku vody
- ½ šálku husté smetany
- ¼ šálku nesoleného másla

INSTRUKCE:
CHOUX PEČIVO:
a) Předehřejte troubu na 375 °F (190 °C) a vyložte plech pečicím papírem.
b) V hrnci smíchejte vodu a máslo. Zahřívejte na středním plameni, dokud se máslo nerozpustí a směs nepřijde k varu.
c) Odstraňte z ohně, přidejte mouku a intenzivně míchejte, dokud se ze směsi nevytvoří koule.
d) Nechte těsto několik minut vychladnout, poté přidejte vejce jedno po druhém a po každém přidání dobře prošlehejte.
e) Těsto přendejte do vydlabacího sáčku a dýmkové éclairs na připravený plech.
f) Pečte asi 30 minut nebo dozlatova. Nechte vychladnout.

PLNICÍ:
g) Naplňte éclairs cukrářským krémem s karamelovou příchutí. K naplnění každé éclair můžete použít vytlačovací sáček nebo malou lžičku.
h) Naplněné éclairs ozdobte nasekanými pekanovými ořechy.

KARAMELOVÁ GLAZA:
i) V hrnci se silným dnem smíchejte cukr a vodu na středním plameni. Míchejte, dokud se cukr nerozpustí.

j) Nechte směs bez míchání přejít k varu. Pokračujte ve vaření, dokud karamel nezíská tmavě jantarovou barvu.

k) Opatrně a pomalu za stálého míchání přiléváme hustou smetanu. Buďte opatrní , protože směs bude bublat.

l) Hrnec sejmeme z ohně a vmícháme nesolené máslo, dokud nebude hladké.

m) Nechte karamelovou polevu několik minut vychladnout, poté ponořte vršek každé éclair do karamelové polevy, čímž zajistíte rovnoměrné pokrytí. Přebytek nechte okapat .

n) Glazované éclairs položte na tác a nechte je vychladnout, dokud karamel neztuhne.

o) Podávejte vychlazené a vychutnejte si sladké a ořechové potěšení z Pecan Caramel Éclairs!

p) Neváhejte přidat více nakrájených pekanových ořechů navrch pro větší texturu. Vychutnejte si své domácí pecanové karamelové Éclairs!

60. Jablečné soufflé se slanou karamelovou omáčkou

SLOŽENÍ:
- Rozpuštěné máslo na pomazání
- 4½ jablek Cox, oloupaných, zbavených jádřinců a nakrájených na čtvrtky
- 150 g tmavého cukru muscovado
- ¾ lžičky mleté skořice
- 1 vanilkový lusk, podélně rozpůlený, semena vyškrábat
- 3 středně velká vejce z volného výběhu, oddělená
- 8-10 prstů houby
- 3 lžíce calvadosu
- 75 g zlatého moučkového cukru
- Moučkový cukr na prach

NA OMÁČKU SLOLENÝ KARAMEL
- 300 ml jednoduchého krému
- 1 vanilkový lusk, podélně rozpůlený, semena vyškrábat
- 190 g zlatého moučkového cukru
- 225 g soleného másla, nakrájeného na kostky

INSTRUKCE:
a) Rozehřejte troubu na 200°C/180°C horkovzdušnou/plynovou 6. Vnitřky ramekin potřete rozpuštěným máslem. Jablka dejte do pekáčku, posypte muscovado cukrem a skořicí, přidejte semínka vanilky a lusk, poté vařte 45 minut za občasného promíchání, dokud nezměknou.

b) Vyjměte vanilkový lusk, jablka a případnou šťávu vložte do kuchyňského robotu a poté vyšlehejte na kaši. Přidejte žloutky, prošlehejte a poté přendejte do mixovací nádoby. Zapněte troubu na 220°C/200°C ventilátor/plyn 7.

c) Mezitím si připravte slanou karamelovou omáčku. Smetanu, vanilková semínka a lusk dejte do hrnce a přiveďte k varu. Rozehřejte velkou pánev na středně vysokou teplotu a po lžících přidejte 190 g zlatého moučkového cukru, aby se každý přídavek rozpustil, než přidáte další. Probublávejte, dokud se nevytvoří hluboký jantarový karamel.

d) Vyjměte vanilkový lusk ze smetany, poté jej nalijte na karamel a šlehejte na středním plameni, dokud se nezapracuje.

e) Po částech zašleháme máslo, aby vznikla lesklá omáčka. Udržet v teple.
f) Nalámejte piškotové prsty na 1-2 cm kousky a vložte je do základů ramekinů.
g) Pokapejte calvadosem. Do trouby vložíme plech, aby se rozehřál.
h) Bílky dejte do čisté mísy. Elektrickým šlehačem vyšleháme do tuha, poté po lžících přidáváme 75 g zlatého moučkového cukru a po každém přidávání šleháme zpět do tuha, dokud se všechen cukr nespojí.
i) Vmíchejte lžíci pusinky do jablečného pyré, aby se uvolnily, a poté jemně vmíchejte pyré do pusinky pomocí velké kovové lžíce pohybem po osmičce.
j) Rozdělte se mezi ramekiny. Pomocí paletového nože zarovnejte vršek a pak špičkou stolního nože přejeďte kolem každého suflé.
k) Rámečky vložíme na rozpálený pekáč do trouby.
l) Pečte 12–15 minut, dokud nevykyne a nezezlátne, ale stále s mírným kolísáním uprostřed.
m) Poprášíme moučkovým cukrem a ihned podáváme s karamelovou omáčkou.

61.Magnolia Caramel Bundt dort

SLOŽENÍ:
MAGNOLIOVÝ DORT:
- ⅔ šálku mandlového mléka
- 1 šálek plátků magnólie (okvětní lístky)
- 1 ½ šálku bezlepkové mouky (stejné díly tapiokového škrobu a bílé rýžové mouky plus 1 lžička xanthanové gumy na každé 4 šálky)
- 1 ½ šálku mandlové mouky
- ¼ lžičky mletého sušeného zázvoru
- ⅔ šálku másla bez mléčných výrobků při pokojové teplotě
- 1 lžička miso sladké cizrny
- 1 ½ šálku krystalového cukru
- 2 lžičky prášku do pečiva
- 1 lžíce vanilkové pasty
- 5 velkých vajec, pokojové teploty

KANDIDOVANÉ TEPALY:
- 16 plátků magnólie
- 1 vaječný bílek
- 1 lžička vodky
- Krystalový cukr

GLAZURA:
- ½ šálku másla bez mléčných výrobků při pokojové teplotě
- ¾ šálku hnědého cukru
- 3 lžíce mandlového mléka
- 2 hrnky moučkového cukru

INSTRUKCE:
a) Předehřejte troubu na 325 °F. Důkladně vymažte pánev na 10 šálků.

b) Smíchejte mandlové mléko a plátky magnólie v mixéru do hladka. Dát stranou.

c) Ve střední míse smíchejte bezlepkovou mouku, mandlovou mouku a mletý sušený zázvor.

d) V jiné misce ušlehejte máslo bez mléka a miso. Přidejte prášek do pečiva, vanilku a krystalový cukr; šlehejte do hladké a nadýchané hmoty. Přidávejte vejce jedno po druhém a po každém přidání dobře prošlehejte.

e) Přidejte ⅓ moučné směsi, šlehejte, dokud se nespojí, poté přidejte polovinu magnóliového mléka a šlehejte, dokud se nespojí. Pokračujte ve střídání, počínaje a konče moučnou směsí. Před nalitím těsta do pánve se ujistěte, že je vše dobře promícháno .

f) Pečte 50–60 minut, těsně za bodem, kde zapíchnuté párátko vyjde čisté. (Vnitřní teplota by měla být 210 °F nebo mírně vyšší)

UDĚLEJTE KANDIDOVANÉ MAGNOLIOVÉ TEPALY

g) Vyšleháme bílek s vodkou do hladka. Čistým štětcem natřete směsí obě strany plátku magnólie, přitlačte na talíř s cukrem, otočte a přitlačte na druhou stranu, aby se potřela. Opakujte se zbývajícími plátky.

h) Dort nechte 15 minut vychladnout ve formě, než ho vyklopíte na mřížku, aby zcela vychladl.

i) Zatímco dort chladne, vytvořte polevu. Veganské máslo, hnědý cukr a mandlové mléko přiveďte v hrnci k varu na mírném ohni. Míchejte, dokud se hnědý cukr nerozpustí. Odstraňte z ohně a po šálcích přidávejte moučkový cukr, dobře šlehejte, dokud nebude hladký, abyste dosáhli konzistence „mrholení".

j) Polevu nalijeme na teplý koláč a rovnoměrně rozetřeme. Kandované plátky magnólie položte na dort, dokud je poleva ještě teplá, protože chladnutím ztuhne.

62.Karamelový dort Macchiato Tres Leches

SLOŽENÍ:
NA KRÉMOVOU SMĚS:
- 1 (14 uncí) plechovka slazeného kondenzovaného mléka
- 1 (12 uncí) plechovka odpařeného mléka
- ½ šálku těžké smetany ke šlehání
- 1 šálek studené silné kávy
- 1 lžička vanilkového extraktu

NA DORT:
- 1 ½ šálku krystalového cukru
- ½ šálku másla, změklého
- 1 lžíce vanilkového extraktu
- 4 velká vejce
- 2 hrnky univerzální mouky
- 1 lžička prášku do pečiva
- 1 lžička jedlé sody
- ½ lžičky soli
- 1 šálek plnotučného mléka

NA POLOVU:
- 2 šálky těžké smetany ke šlehání
- ½ šálku dulce de leche
- 2 lžíce moučkového cukru
- ⅛ lžičky soli
- Ohřáté dulce de leche k pokapání (dle přání)

INSTRUKCE:
NA KRÉMOVOU SMĚS:
a) Smíchejte všechny ingredience smetanové směsi v misce; dát stranou.

NA DORT:
b) Předehřejte troubu na 350ºF. Vymažte a vysypte dortovou formu o rozměrech 13 x 9 palců; dát stranou.

c) V misce smíchejte krystalový cukr, změklé máslo a 1 lžíci vanilky. Šlehejte při střední rychlosti, dokud se nespojí. Přidejte vejce; pokračujte v šlehání, dokud nebude směs světlá a nadýchaná.

d) V jiné míse dobře promíchejte mouku, prášek do pečiva, jedlou sodu a sůl. Přidejte moučnou směs do máslové směsi; šlehejte při nízké rychlosti, dokud se dobře nespojí. Přidejte mléko a pokračujte v šlehání, dokud nebude dobře promícháno.

e) Nalijte těsto do připravené pánve. Pečte 35-40 minut nebo dokud párátko zapíchnuté do středu nevyjde čisté a vršek pěkně zhnědne. Ještě horký dort nalijeme na vrch dortu smetanovou směs. Nechte působit, dokud se tekutina zcela nevstřebá. Dejte do lednice alespoň na 4 hodiny nebo přes noc.

NA POLOVU:

f) Těsně před podáváním smíchejte v míse všechny ingredience na polevu. Šlehejte vysokou rychlostí, dokud se nevytvoří tuhé špičky. Polevu rozetřeme na vrch dortu.

g) Podle potřeby zakápněte dalším dulce de leche.

63. Tostada Sundae s kávovo-karamelovou omáčkou

SLOŽENÍ:
- 1 až 1½ litru vanilkové zmrzliny
- 6 dezertních pohárů Tostada
- Kávovo-karamelová omáčka

INSTRUKCE:
a) Umístěte 2 nebo 3 kopečky vanilkové zmrzliny do středu každého dezertního poháru Tostada Cup.
b) Zmrzlinu doplňte kávovo-karamelovou omáčkou.
c) Podávejte a vychutnejte si svůj pohár Tostada Sundae s kávovo-karamelovou omáčkou.

64. Švýcarská karamelová roláda

SLOŽENÍ:
- 4 vejce, oddělená
- ⅓ šálku hnědého cukru
- 1 lžíce moučkového cukru
- ½ hrnku samokypřící mouky
- 1 lžíce kukuřičné mouky
- 2 lžíce horkého mléka
- 300 ml zahuštěné smetany
- ½ plechovky Nestlé Top N Fill Caramel

INSTRUKCE:
a) Předehřejte troubu na 210C. Formu na švýcarské rohlíky nebo mělkou formu na pečení o rozměrech 25 x 30 cm vyložte pečicím papírem tak, aby některé visely přes boky.
b) Z bílků ušlehejte tuhý sníh. Přidejte hnědý cukr a moučkový cukr a šlehejte do lesku. Přidávejte vaječné žloutky jeden po druhém, mezi každým přidáním dobře prošlehejte.
c) Mouku a kukuřičnou mouku prosejeme a promícháme s vaječnou směsí. Nakonec přelijeme horkým mlékem.
d) Směs nalijte do připravené formy a uhlaďte do rovnoměrné vrstvy. Pečte 6 minut.
e) Vyndejte z trouby a pomocí pečícího papíru vyndejte z formy. Pečicí papír opatrně stáhněte ze stran piškotu. Navrch položte další velký čistý list pečicího papíru a držte ho po stranách a jemně otočte piškot. Položte ji na lavici kratším koncem, který je k vám nejblíže, a opatrně houbu zarolujte. Nechte vychladnout.
f) Smetanu ušleháme do zhoustnutí. Přidejte karamel a pokračujte ve šlehání, dokud se dobře nespojí. Nechte v chladničce, dokud nebudete připraveni k použití.
g) Když houba vychladne, opatrně ji rozbalte. Potřeme ušlehanou karamelovou smetanou. Přerolujte, tentokrát za pochodu odstraňte pečicí papír.
h) Přeneste na servírovací talíř. Poprášíme moučkovým cukrem. Nakrájejte a podávejte.
i) Vychutnejte si lahodnou a snadnou karamelovou švýcarskou rolku!

65. Káva-karamelová švýcarská rolka

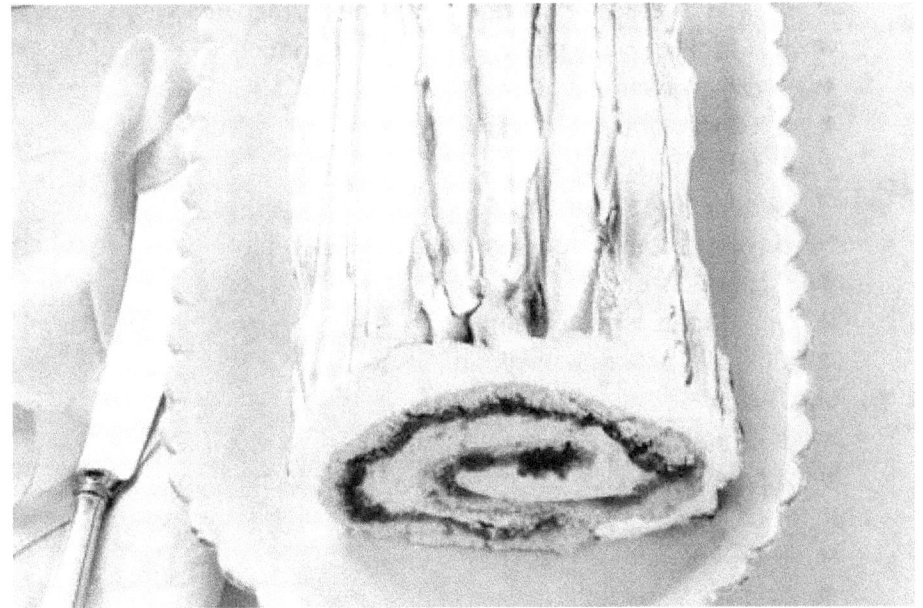

SLOŽENÍ:
DORT:
- ¼ šálku světlicového oleje a další na kartáčování
- 1 ¼ hrnku mouky na koláč (ne samokynoucí)
- ½ lžičky košer soli
- 1 ¼ lžičky prášku do pečiva
- ⅓ šálku horké vody
- ¾ šálku krystalového cukru
- 5 velkých vajec, oddělených, pokojová teplota
- 1 lžička čistého vanilkového extraktu
- Špetka tatarského krému
- Cukrářský cukr na posypání

SIRUP:
- ¼ šálku krystalového cukru
- 1 polévková lžíce instantního prášku na espresso

PLNICÍ:
- 6 lžic krystalového cukru
- ¼ lžičky košer soli
- 1 ½ šálku husté smetany

PLÁVA:
- 2 velké bílky
- ⅔ šálku krystalového cukru
- ½ lžičky tatarského krému
- 2 lžíce světlého kukuřičného sirupu
- ¼ šálku studené vody

INSTRUKCE:
a) Předehřejte troubu na 350 stupňů. Plech na pečení o rozměrech 13 x 18 palců potřete olejem. Dno vyložte pergamenem; potřete pergamen olejem.

DORT:
b) Smíchejte mouku, sůl a prášek do pečiva.

c) V žáruvzdorné misce šlehejte horkou vodu s ½ šálku krystalového cukru, dokud se nerozpustí. Vyšleháme olej, poté žloutky a vanilku do hladka.

d) V mixéru ušlehejte bílky do pěny. Přidejte tatarskou smetanu a šlehejte, dokud se nevytvoří tuhé špičky. Do těsta vmícháme jednu třetinu bílků a vmícháme zbytek.

e) Těsto rozetřeme na připravený plech; pečeme dozlatova 17 až 19 minut.

f) Krátce vychladíme, poté zabalíme do utěrky a necháme úplně vychladnout.

SIRUP:

g) V hrnci vařte krystalový cukr a vodu; rozšleháme prášek na espresso.

h) Nechte v chladu vychladnout, asi 30 minut.

PLNICÍ:

i) V hrnci smíchejte krystalový cukr, vodu a sůl. Vařte do jantaru a přidejte smetanu.

j) Přeneste do lázně s ledovou vodou, dokud nevychladne.

SHROMÁŽDIT:

k) Dort rozvineme, potřeme espresso sirupem, potřeme náplní a srolujeme.

l) Nechte v chladu, dokud neztuhne, alespoň 8 hodin.

PLÁVA:

m) V žáruvzdorné míse ušlehejte bílky, cukr, tatarskou smetanu, kukuřičný sirup a vodu nad vroucí vodou, dokud se nevytvoří tuhé vrcholy.

n) Dort potřete polevou. K zhnědnutí na místech použijte kuchyňskou baterku.

o) Nakrájejte a podávejte.

BONBÓN

66.Guinness Karamely Se Slanými Arašídy

SLOŽENÍ:
- 2 šálky / 0,44 l plechovka Guinness
- 80 g másla na kostky
- 80 ml smetany ke šlehání
- 1 hrnek bílého cukru
- ½ šálku nerafinovaného cukru nebo hnědého cukru
- 1 lžička jemné soli
- 100 g pražených a solených arašídů

INSTRUKCE:
a) Boky a dno formy vymažeme máslem a vyložíme pečícím papírem.
b) V hrnci snižte Guinness na středně mírném ohni na ½ šálku. Bude to trvat asi 30 minut.
c) Přidejte máslo a úplně rozpusťte. Přidejte smetanu ke šlehání a cukr. Míchejte, dokud se dobře nespojí.
d) Vložte do teploměru na cukr. Od této chvíle nemíchejte .
e) Vařte na středně nízké teplotě, dokud teplota nedosáhne někde mezi 245 °F – 250 °F.
f) Bude to trvat asi 25 minut nebo více, ale karamel neustále sledujte, protože nakonec teplota rychle stoupne.
g) Okamžitě odstraňte z tepla.
h) Vmíchejte sůl a arašídy a nalijte do pekáče.
i) Dejte na hodinu do lednice.
j) Ostrým nožem nakrájíme na kousky požadované velikosti.
k) Skladujte při pokojové teplotě.

67. Máslové rumové karamely

SLOŽENÍ:
- Rostlinný olej na mazání
- 2 šálky baleného světle hnědého cukru
- 1 šálek husté smetany
- ¼ šálku nesoleného másla
- ¼ lžičky soli
- ¼ šálku plus 1 lžička tmavého rumu
- ¼ lžičky vanilky
- Speciální vybavení: pergamenový papír; cukrovinkový nebo hlubokotučný teploměr

INSTRUKCE:

a) Dno a strany 8palcového čtvercového pekáče vyložte pečicím papírem a olejovým pergamenem.

b) Hnědý cukr, smetanu, máslo, sůl a ¼ šálku rumu přiveďte k varu v 3- až 4-litrovém hrnci, míchejte, dokud se máslo nerozpustí, poté vařte na mírném ohni za častého míchání, dokud teploměr nezaznamená 248 °F, po dobu asi 15 minut. Sundejte z ohně a vmíchejte vanilku a zbylou lžičku rumu. Nalijte do pekáče a nechte 1 až 2 hodiny úplně vychladnout, dokud neztuhne.

c) Převraťte karamel na prkénko, poté vyhoďte pergamen a otočte karamel lesklou stranou nahoru. Nakrájejte na 1-palcové čtverce.

68. Espresso likér karamely

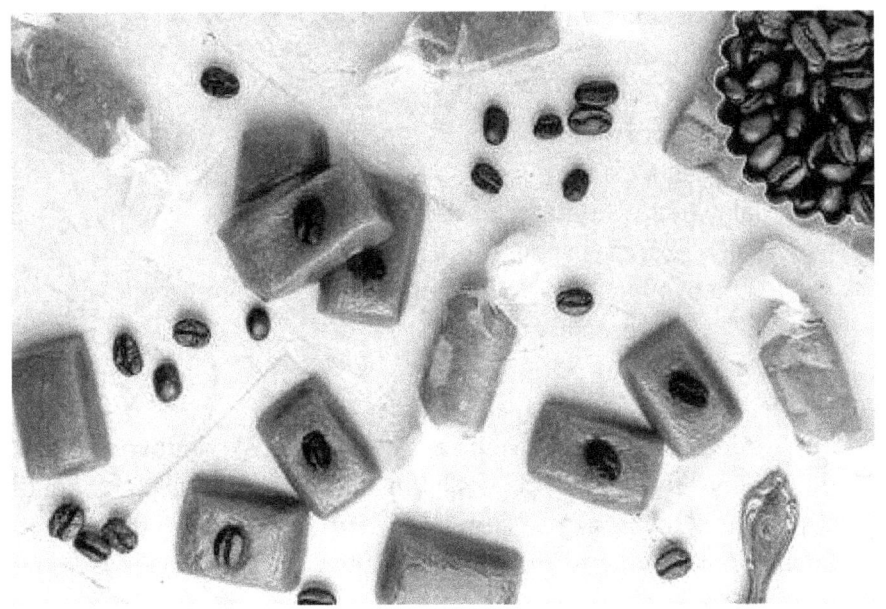

SLOŽENÍ:

- ½ šálku vody
- 1⅓ šálku kukuřičného sirupu
- ⅓ šálku medu
- 2⅛ šálků cukru
- 2 špetky mořské soli
- 8 lžic másla
- 2 šálky husté smetany ke šlehání
- ¼ šálku espressa sedliny
- 14-uncová plechovka slazeného kondenzovaného mléka
- 4 lžičky espresso likéru

INSTRUKCE:

a) Předem naplňte dřez nebo příliš velkou misku ledovou vodou.

b) Ve čtyřlitrovém hrnci se silným dnem smíchejte vodu, kukuřičný sirup, med, cukr a mořskou sůl. Zahřívejte na středním stupni a míchejte po vzoru 8, dokud se všechen cukr nerozpustí a směs se nezačne vařit.

c) Vyjměte míchací tyčinku a omyjte stěny hrnce cukrářským kartáčem namočeným ve vodě. Vložte cukrářský teploměr a vařte bez míchání, dokud směs nedosáhne 250°F.

d) Opatrně přidejte máslo a míchejte, dokud se úplně nerozpustí, poté pomalu přidávejte smetanu. Upozornění: To způsobí, že směs rychle probublává a uvolňuje páru. Vyjměte míchací tyčinku a vařte, dokud směs znovu nedosáhne 250 °F.

e) Odstraňte z tepla a ponořte spodní polovinu pánve do ledové vody na 2 až 3 sekundy, abyste zastavili vaření. Vmíchejte sedlinu na espresso. Pomalu vmícháme slazené kondenzované mléko. Vraťte hrnec na teplo a vařte za stálého míchání podle obrázku 8, dokud směs znovu nedosáhne 250 °F. Poznámka: Zde budete míchat 10 až 15 minut, takže se usaďte. Pokud teploměr překáží, před opětovným vložením teploměru počkejte, dokud se neobjeví vrstvy bublin.

f) Odstraňte z tepla a ponořte spodní polovinu pánve do ledové vody na 2 až 3 sekundy, abyste zastavili vaření. Pozor, aby se do karamelu nedostala voda. Položte pánev na ručník na žáruvzdorný povrch.

g) Přidejte espresso a rychle míchejte, aby se zapracoval. Opatrně nalijte do silikonových forem nebo vymazané čtvercové zapékací misky o rozměrech 9 x 9 palců. Před vyjmutím z formy nebo nakrájením na obdélníky nechte 8 až 12 hodin nerušeně vychladnout na pracovní desce.

h) Karamely skladujte v celofánu nebo voskovém papíru a na obou koncích je otočte, abyste je uzavřeli. Budou dobré po dobu 4 až 6 týdnů, pokud jsou skladovány na suchém místě.

69. Cappuccino karamely

SLOŽENÍ:
- 1 šálek krystalového cukru
- 1 šálek husté smetany
- ¼ šálku světlého kukuřičného sirupu
- ¼ šálku nesoleného másla
- 1 lžíce instantních kávových granulí
- 1 lžička vanilkového extraktu
- Vločky mořské soli, na posypání (volitelné)

INSTRUKCE:
a) Pekáč o rozměrech 8 x 8 palců vyložte pečicím papírem a lehce jej vymažte tukem.

b) V hrnci na středně vysokém ohni smíchejte cukr, hustou smetanu, kukuřičný sirup, máslo a instantní kávové granule.

c) Míchejte, dokud se cukr nerozpustí, poté vložte cukrářský teploměr a vařte bez míchání, dokud nedosáhne 245 °F (118 °C).

d) Sundejte z ohně, vmíchejte vanilkový extrakt a karamel nalijte do připravené pánve.

e) Nechte vychladnout několik hodin nebo dokud neztuhne.

f) potřeby posypte vločkami mořské soli a nakrájejte na karamely.

70. Slané whisky karamely

SLOŽENÍ:
- 5 lžic másla
- 1 hrnek husté smetany ke šlehání
- ¼ šálku whisky
- 1 lžička vanilky
- ¼ lžičky košer soli
- 1 ½ šálku cukru
- ¼ šálku světlého kukuřičného sirupu
- ¼ šálku vody
- ½ lžíce košer soli na posypání

INSTRUKCE:
a) Vyložte 9palcovou čtvercovou pánev pergamenem nebo voskovým papírem, aby se papír překrýval přes dvě strany; lehce postříkejte sprejem na vaření.
b) V 1-litrovém hrnci rozehřejte za častého míchání máslo, hustou smetanu ke šlehání, whisky, vanilku a ¼ lžičky soli k varu. Odstraňte z tepla; dát stranou.
c) V třílitrovém hrnci smíchejte cukr, kukuřičný sirup a vodu. Zahřejte k varu na středně vysoké teplotě. NEMÍCHEJTE. Vařte, dokud cukr nezíská teplou zlatohnědou barvu.
d) Když je cukrová směs hotová, vypněte oheň a pomalu přidávejte smetanovou směs k cukrové směsi. Buďte opatrní - bude to prudce bublat. Vařte na středně mírném ohni asi 10 minut, dokud směs nedosáhne 248 stupňů F na cukrovém teploměru.
e) Nalijte karamel do pánve; chladit 10 minut.
f) Posypte až 1 polévkovou lžící soli; úplně vychladnout.
g) Nakrájejte na čtverce; jednotlivě zabalte do pergamenu.

71.Kokosové karamelové shluky

SLOŽENÍ:
- 1 hrnek strouhaného kokosu
- 1 šálek karamelových bonbonů, nebalené
- 1 lžíce kokosového oleje
- Mořská sůl (volitelně)

INSTRUKCE:
a) Plech vyložte pečícím papírem.
b) Na pánvi na středním plameni opečte strouhaný kokos do zlatova a často míchejte, aby se nepřipálil. Odstraňte z ohně a nechte mírně vychladnout.
c) V misce vhodné do mikrovlnné trouby smíchejte karamelové bonbóny a kokosový olej. Zahřívejte v mikrovlnné troubě v 30sekundových intervalech a mezitím míchejte, dokud se karamely nerozpustí a nebudou hladké.
d) Do rozpuštěného karamelu vmíchejte opečený kokos, dokud se dobře nespojí.
e) Na připravený plech nandáme po lžících karamelovo-kokosovou směs.
f) Volitelné: Shluky ještě teplé posypte mořskou solí.
g) Nechte klastry vychladnout a nastavit při pokojové teplotě nebo v lednici.
h) Po ztuhnutí sejměte z plechu a uložte do vzduchotěsné nádoby.
i) Užijte si své domácí kokosové karamelové klastry!

72. Karamelová jablková lízátka

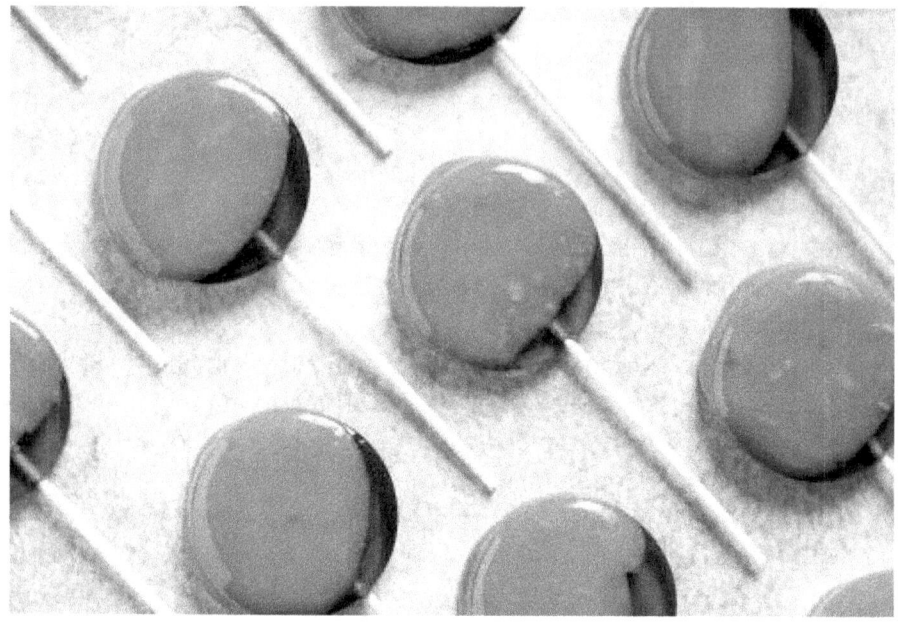

SLOŽENÍ:

- 4 velká jablka (jakákoli odrůda)
- 1 šálek karamelových bonbonů, nebalené
- Tyčinky na lízátko
- Polevy dle vlastního výběru (nasekané ořechy, sypání, mini čokoládové lupínky atd.)

INSTRUKCE:

a) Jablka důkladně omyjeme a osušíme. Do konce stonku každého jablka vložte tyčinku z lízátka.

b) Plech vyložte pečícím papírem.

c) V misce vhodné do mikrovlnné trouby rozpusťte karamelové bonbóny ve 30sekundových intervalech a mezitím míchejte, dokud nebudou hladké a krémové.

d) Každé jablko ponořte do rozpuštěného karamelu a otáčejte, aby se rovnoměrně obalilo. Přebytečný karamel nechte okapat.

e) Volitelně: Karamelem obalená jablka srolujte ve vámi požadované polevě.

f) Karamelová jablka položte na připravený plech a nechte je vychladnout a ztuhnout při pokojové teplotě nebo v lednici.

g) Po nastavení si vychutnejte svá lahodná karamelová jablečná lízátka!

73. Shluky karamelových ořechů

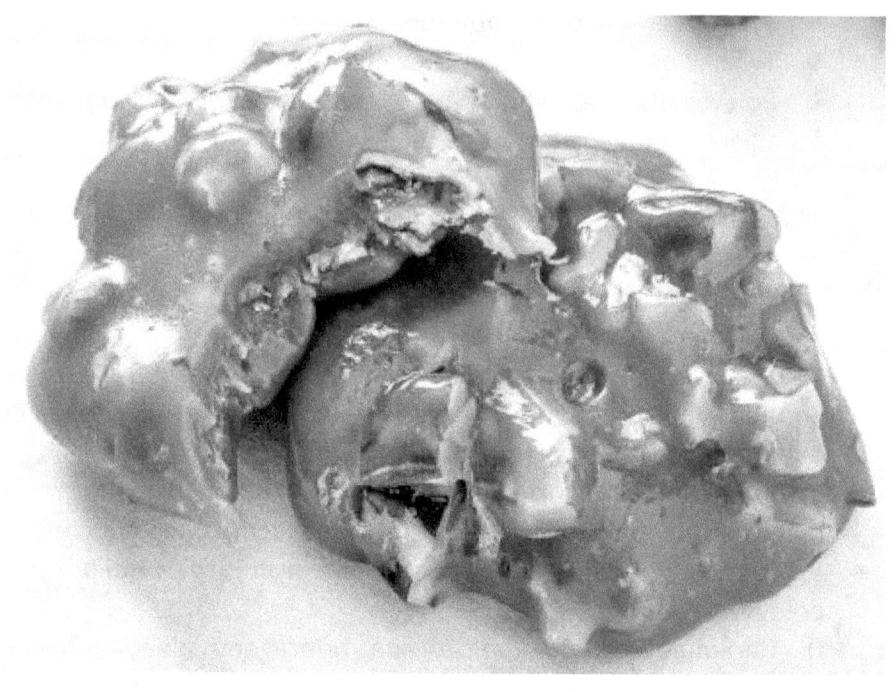

SLOŽENÍ:
- 1 šálek karamelových bonbonů, nebalené
- 1 šálek smíchaných ořechů (jako jsou arašídy, mandle, kešu)
- Mořská sůl (volitelně)

INSTRUKCE:
a) Plech vyložte pečícím papírem.
b) V misce vhodné do mikrovlnné trouby rozpusťte karamelové bonbóny ve 30sekundových intervalech a mezitím míchejte, dokud nebudou hladké a krémové.
c) Vmíchejte rozmixované ořechy do rozpuštěného karamelu, dokud se dobře nepokryjí.
d) Na připravený plech nandáme po lžících karamelovo-oříškovou směs.
e) Volitelné: Shluky ještě teplé posypte mořskou solí.
f) Nechte klastry vychladnout a nastavit při pokojové teplotě nebo v lednici.
g) Po ztuhnutí sejměte z plechu a uložte do vzduchotěsné nádoby.
h) Užijte si své domácí karamelové ořechové shluky!

74. Karamel Marshmallow Pops

SLOŽENÍ:
- Velké marshmallows
- Karamelové bonbóny, nebalené
- Tyčinky na lízátko
- Volitelné polevy (čokoládové lupínky, drcené sušenky, posypky atd.)

INSTRUKCE:
a) Do každého marshmallow vložte tyčinku na lízátko.
b) Plech vyložte pečícím papírem.
c) V misce vhodné do mikrovlnné trouby rozpusťte karamelové bonbóny ve 30sekundových intervalech a mezitím míchejte, dokud nebudou hladké a krémové.
d) Každý marshmallow ponořte do rozpuštěného karamelu a otáčejte, aby se rovnoměrně obalil. Přebytečný karamel nechte okapat.
e) Volitelné: Marshmallow potažené karamelem srolujte do požadované polevy.
f) Položte marshmallow pops na připravený plech a nechte je vychladnout a ztuhnout při pokojové teplotě nebo v lednici.
g) Po nastavení si vychutnejte své nádherné karamelové marshmallow popíky!

KOŘENÍ

75. Ganache se slaným karamelem

SLOŽENÍ:
- 8 uncí (225 g) hořké čokolády, jemně nasekané
- 1 šálek (240 ml) husté smetany
- ½ šálku (120 ml) slané karamelové omáčky

INSTRUKCE:
a) Nadrobno nasekanou hořkou čokoládu dejte do žáruvzdorné mísy a dejte stranou.
b) V malém hrnci zahřejte na středním plameni smetanu, dokud se nezačne vařit. Nenechte to přijít k varu.
c) Hrnec sejmeme z plotny a horkou smetanou zalijeme nasekanou čokoládou.
d) Nechte směs nerušeně uležet 1-2 minuty, aby čokoláda změkla.
e) Pomocí šlehače nebo stěrky směs jemně míchejte, dokud se čokoláda úplně nerozpustí a ganache nebude hladká a lesklá.
f) Přidejte slanou karamelovou omáčku do ganache a míchejte, dokud se dobře nespojí.
g) Nechte ganache vychladnout při pokojové teplotě asi 30 minut, poté ji zakryjte plastovou fólií a dejte do lednice alespoň na 2 hodiny nebo dokud neztuhne.
h) Jakmile ganache vychladne a ztuhne, můžete ji použít jako náplň do koláčů, cupcaků nebo moučníků. Lze jej také použít jako polevu nebo posypání dezertů, jako je zmrzlina, sušenky nebo sušenky.

76. Karamelová poleva

SLOŽENÍ:
- 1½ šálku nesoleného másla, změkčeného
- 4 šálky moučkového cukru
- ¼ šálku karamelové omáčky (koupené v obchodě nebo domácí)
- 1 lžička vanilkového extraktu

INSTRUKCE:

a) Ve velké míse ušlehejte změklé máslo, dokud nebude krémové a hladké.

b) Postupně přidávejte moučkový cukr, jeden šálek po druhém, a po každém přidání dobře prošlehejte.

c) Vmícháme karamelovou omáčku a vanilkový extrakt a dále šleháme, dokud není poleva světlá a nadýchaná.

77. Karamelizovaná ganache z bílé čokolády

SLOŽENÍ:
- 8 uncí bílé čokolády
- Špetka mořské soli

INSTRUKCE:
a) Předehřejte troubu na 250 ° F (120 ° C).
b) Bílou čokoládu dejte na plech vyložený pečicím papírem.
c) Čokoládu posypte špetkou mořské soli.
d) Čokoládu pečte asi 1 hodinu a každých 10 minut míchejte, dokud nezezlátne a nezkaramelizuje.
e) Čokoládu vyndejte z trouby a nechte úplně vychladnout.
f) Karamelizovanou bílou čokoládu nasekáme nadrobno.
g) V žáruvzdorné misce nalijte 1 šálek (240 ml) vroucí husté smetany na karamelizovanou bílou čokoládu.
h) Míchejte, dokud se čokoláda úplně nerozpustí a nebude hladká.
i) Před použitím nechte ganache mírně vychladnout.

78. Karamelová omáčka Dalgona

SLOŽENÍ:
- ½ šálku krystalového cukru
- 2 lžíce vody
- ¼ šálku husté smetany
- ¼ lžičky vanilkového extraktu

INSTRUKCE:
a) V malém hrnci smíchejte cukr a vodu na středním plameni.
b) Průběžně mícháme, dokud se cukr nerozpustí a směs nezačne bublat.
c) Snižte plamen na minimum a nechte asi 5-7 minut probublávat, dokud nezíská zlatou karamelovou barvu.
d) Hrnec sejmeme z ohně a za stálého šlehání pomalu vléváme hustou smetanu. Buďte opatrní, protože směs bude silně bublat.
e) Vmíchejte vanilkový extrakt a míchejte, dokud se dobře nespojí.
f) Nechte karamelovou omáčku Dalgona vychladnout, než ji přendáte do sklenice nebo nádoby.
g) Podávejte jako polevu na zmrzlinu, dorty nebo jím pokapejte své oblíbené dezerty.

79. Marakuja karamelová omáčka

SLOŽENÍ:
- 2 hrnky cukru
- ½ šálku vody
- 2 lžičky světlého kukuřičného sirupu
- 1⅓ šálku pyré z mučenky
- 4 lžíce nesoleného másla, nakrájené na kousky
- ½ lžičky kosh er soli

INSTRUKCE:

a) Ve velkém kastrolu s těžkým dnem smíchejte cukr, vodu a kukuřičný sirup. Přiveďte k varu na středním plameni, míchejte, aby se cukr rozpustil, a občas přetřete stěny pánve mokrým kartáčem na pečivo, abyste smyli případné krystalky cukru.

b) Zvyšte teplotu na středně vysokou a nechte vařit bez míchání, dokud sirup nezíská tmavě jantarovou barvu, asi 8 minut.

c) Odstraňte pánev z ohně. Opatrně přidejte pyré z marakuji (bude bublat a prskat, při nalévání buďte opatrní), máslo, sůl a šlehejte, aby se co nejvíce zapracovalo (karamel trochu ztuhne).

d) Pánev dejte na středně mírný oheň, přiveďte k varu a za stálého míchání vařte, dokud se karamel nerozpustí a omáčka nebude hladká. Sundejte z plotny a nechte vychladnout . Uložená ve vzduchotěsné nádobě v lednici vydrží omáčka až 10 dní.

e) Omáčku podávejte teplou nebo při pokojové teplotě.

80.Kahlua karamelová omáčka

SLOŽENÍ:
- 1 šálek krystalového cukru
- ¼ šálku vody
- ½ šálku husté smetany
- 2 lžíce nesoleného másla
- ¼ šálku Kahlua
- ½ lžičky vanilkového extraktu
- Špetka soli

INSTRUKCE:
a) V malém hrnci smíchejte krystalový cukr a vodu. Zahřívejte na středně vysoké teplotě, občas promíchejte, dokud se cukr nerozpustí.
b) Jakmile se cukr rozpustí, přestaňte míchat a nechte směs přejít varem. Pokračujte ve vaření bez míchání, dokud směs nezíská tmavě jantarovou barvu. Dávejte pozor, abyste karamel nepřipálili, může se to stát rychle.
c) Jakmile karamel dosáhne požadované barvy, sundejte rendlík z ohně a opatrně zašlehejte hustou smetanu. Směs bude bublat, takže buďte opatrní.
d) Vraťte hrnec na mírný oheň a přidejte máslo. Míchejte, dokud se máslo nerozpustí a plně nezapracuje.
e) Sundejte hrnec z ohně a vmíchejte Kahlua, vanilkový extrakt a špetku soli. Mixujte, dokud nebude hladká a dobře spojená.
f) Nechte karamelovou omáčku Kahlua několik minut vychladnout, než ji přenesete do sklenice nebo nádoby.
g) Chladnutím omáčka zhoustne. Pokud je příliš hustá, můžete ji jemně ohřát v mikrovlnné troubě nebo na varné desce.
h) Použijte karamelovou omáčku Kahlua jako polevu na zmrzlinu, palačinky, vafle, dezerty nebo jakoukoli jinou sladkou pochoutku dle vašeho výběru.

81. Karamelová pekanová omáčka

SLOŽENÍ:
- ½ šálku pevně zabaleného hnědého cukru
- ½ šálku světlého kukuřičného sirupu
- ¼ šálku margarínu bez obsahu mléka
- ½ šálku nakrájených pekanových ořechů
- 1 lžička vanilky

INSTRUKCE:

a) V malém hrnci na středně vysokém ohni smíchejte pevně zabalený hnědý cukr, lehký kukuřičný sirup a margarín bez mléka. Neustále mícháme a přivedeme směs k plnému varu.

b) Za stálého míchání nechte směs 1 minutu vařit.

c) Sundejte hrnec z ohně a vmíchejte nasekané pekanové ořechy a vanilku, dokud se dobře nespojí.

d) Podávejte bezmléčnou karamelovou omáčku teplou na vaší oblíbené zmrzlině nebo dezertu bez mléčných výrobků.

e) Užijte si omáčku jako lahodnou zálivku pro vaše pochoutky!

82. Kávovo-karamelová omáčka

SLOŽENÍ:
- 2 šálky baleného tmavě hnědého cukru
- ¾ šálku Uvařená velmi silná káva
- ¾ šálku smetany ke šlehání

INSTRUKCE:
a) V malém hrnci smíchejte všechny ingredience.
b) Umístěte hrnec na střední teplotu a přiveďte směs k varu.
c) Jakmile se vaří , snižte teplotu na mírný plamen a vařte, dokud nedosáhne těsně před fází měkkých kuliček, což je asi 230 °F (110 °C) na cukrovém teploměru. To by mělo trvat přibližně 15 minut.
d) Hrnec sundejte z plotny.
e) Kávovo-karamelovou omáčku můžete podávat hned, nebo pokud chcete, nechte ji vychladnout a poté přikryjte. Uchovávejte v chladničce a spotřebujte do několika měsíců.
f) Tato lahodná kávovo-karamelová omáčka se skvěle hodí k pokapání zmrzliny, dortů nebo jiných dezertů. Užívat si!

83. Mandarinková karamelová omáčka

SLOŽENÍ:
- ½ šálku těžké smetany
- ¾ šálku mandarinkové šťávy, přecezené
- 1 ¾ šálku cukru
- ¾ šálku vody
- 5 lžic studeného nesoleného másla, nakrájeného na kousky
- 1 lžička vanilkového extraktu
- ⅛ lžičky soli
- 2 lžíce brandy nebo bourbonu

INSTRUKCE:
a) V misce smíchejte hustou smetanu a propasírovanou mandarinkovou šťávu a zahřívejte, dokud nebude těsně před varem. Udržujte tuto směs v teple.
b) V samostatném hrnci smíchejte cukr a vodu. Hrnec přikryjeme a směs přivedeme k varu na středním plameni.
c) Po uvaření pánev odkryjte a mírně zvyšte teplotu, aby se dusila. Nemíchejte, ale použijte cukrářský kartáč namočený ve vodě, abyste smyli všechny krystalky cukru ulpívající na stěnách pánve.
d) Pečlivě pánev sledujte, jak sirup postupně získá zlatohnědou barvu. Buďte trpěliví a podle potřeby čas od času pánví zakružte. Tento proces by měl nějakou dobu trvat.
e) Hrnec odstavíme z plotny a za stálého šlehání pomalu vléváme teplou smetanovo-mandarinkovou směs. Buďte připraveni na to, že směs bude výrazně bublat, proto opatrně míchejte.
f) Postupně zašleháme studené nesolené máslo, dokud se úplně nespojí.
g) Vmíchejte vanilkový extrakt, sůl a podle chuti brandy nebo bourbon.
h) Mandarinkovou karamelovou omáčku uchovávejte přikrytou v lednici a lze ji uchovávat neomezeně dlouho. Podávejte teplé nebo studené k vašim oblíbeným dezertům.
i) Tato nádherná mandarinková karamelová omáčka dodá vašim sladkým pochoutkám nával citrusové chuti. Užívat si!

84. Nebeská karamelová omáčka

SLOŽENÍ:
- 10 lžic nesoleného másla
- 2 šálky světle hnědého cukru (zabalené)
- 1 šálek světlého kukuřičného sirupu
- 1 lžička soli
- 1 šálek smetany ke šlehání
- 3 lžíce tmavého rumu

INSTRUKCE:

a) Ve středně velké pánvi smíchejte máslo, balený světle hnědý cukr, kukuřičný sirup a sůl. Směs pomalu přiveďte k varu na středně vysokém ohni. Nechte vařit, dokud se cukr úplně nerozpustí, což by mělo trvat asi 8 minut.

b) Pokračujte ve vaření další 2 minuty za častého míchání dřevěnou lžící.

c) Vmícháme smetanu ke šlehání, směs přivedeme zpět k varu a necháme ještě 2 minuty mírně provařit.

d) Nalijte tmavý rum a dobře promíchejte, aby se propojil.

e) Hrnec sejmeme z plotny a necháme omáčku vychladnout a zhoustnout.

f) Jakmile vychladne, přeneste nebeskou karamelovou omáčku do čisté skleněné nádoby s bezpečným víčkem.

g) Omáčku uchovávejte v lednici. Může být skladován po celé měsíce, ale pokud velmi vychladne a zhoustne, jednoduše jej vyjměte z chladničky, aby se před použitím zahřál.

85. Karamelové jablečné máslo

SLOŽENÍ:
- 4 libry jablek (jakékoli odrůdy), oloupaných, zbavených jader a nakrájených
- 1 šálek krystalového cukru
- 1 šálek hnědého cukru
- 1 lžička mleté skořice
- 1/2 lžičky mletého muškátového oříšku
- 1/4 lžičky mletého hřebíčku
- 1/4 lžičky soli
- 1/4 šálku karamelové omáčky

INSTRUKCE:
a) Nakrájená jablka vložte do pomalého hrnce.
b) V misce smíchejte krystalový cukr, hnědý cukr, skořici, muškátový oříšek, hřebíček a sůl.
c) Na jablka posypeme směsí cukru a koření a promícháme, aby se rovnoměrně obalila.
d) Přikryjte a vařte na nízké teplotě 8–10 hodin, nebo dokud jablka nezměknou a nezkaramelizují.
e) Uvařená jablka rozmixujte ponorným mixérem na hladkou kaši.
f) Vmíchejte karamelovou omáčku, dokud se dobře nespojí.
g) Nechte jablečné máslo úplně vychladnout, než jej přendáte do sklenic.
h) Uchovávejte v lednici a vychutnejte si lahodné karamelové jablečné máslo na toastu, palačinkách nebo jogurtu!

86. Džem z karamelizované cibule

SLOŽENÍ:
- 4 velké cibule, nakrájené na tenké plátky
- 2 lžíce olivového oleje
- 1/4 šálku hnědého cukru
- 1/4 šálku balzamikového octa
- Sůl a pepř na dochucení
- 1/4 šálku karamelové omáčky

INSTRUKCE:
a) Ve velké pánvi na středním plameni rozehřejte olivový olej.
b) Přidejte nakrájenou cibuli a vařte za občasného míchání, dokud nezměkne a nezkaramelizuje, asi 20–25 minut.
c) Vmíchejte hnědý cukr a balzamikový ocet.
d) Pokračujte ve vaření dalších 10-15 minut, nebo dokud cibule neztmavne a nebude jako džem.
e) Dochuťte solí a pepřem podle chuti.
f) Vmíchejte karamelovou omáčku, dokud se dobře nespojí.
g) Před přenesením do sklenic nechte cibulový džem úplně vychladnout.
h) Uchovávejte v lednici a vychutnejte si svůj karamelizovaný cibulový džem na hamburgerech, sendvičích nebo sýrových deskách!

87. Karamelová BBQ omáčka

SLOŽENÍ:
- 1 hrnek kečupu
- 1/2 šálku hnědého cukru
- 1/4 šálku jablečného octa
- 2 lžíce worcesterské omáčky
- 1 lžíce dijonské hořčice
- 1/2 lžičky česnekového prášku
- 1/2 lžičky cibulového prášku
- 1/4 lžičky uzené papriky
- Sůl a pepř na dochucení
- 1/4 šálku karamelové omáčky

INSTRUKCE:
a) V hrnci smíchejte kečup, hnědý cukr, jablečný ocet, worcesterskou omáčku, dijonskou hořčici, česnekový prášek, cibulový prášek, uzenou papriku, sůl a pepř.
b) Směs přiveďte k varu na středním plameni.
c) Snižte teplotu na minimum a za občasného míchání vařte 15–20 minut, dokud omáčka nezhoustne.
d) Vmíchejte karamelovou omáčku, dokud se dobře nespojí.
e) Před přenesením do sklenic nechte BBQ omáčku úplně vychladnout.
f) Uchovávejte v lednici a vychutnejte si lahodnou karamelovou BBQ omáčku na grilovaném mase nebo jako omáčku!

88. Karamelizovaný fíkový džem

SLOŽENÍ:
- 1 lb čerstvých fíků, odstopkovaných a nakrájených na čtvrtky
- 1/2 šálku krystalového cukru
- 1/4 šálku vody
- 1 lžíce citronové šťávy
- 1/4 šálku karamelové omáčky

INSTRUKCE:
a) V hrnci smíchejte fíky, krystalový cukr, vodu a citronovou šťávu.
b) Na středním plameni přiveďte směs k varu.
c) Snižte teplotu na minimum a za občasného míchání vařte 30–40 minut, dokud fíky nezměknou a směs nezhoustne.
d) Hrnec sejmeme z plotny a necháme směs mírně vychladnout.
e) Přeneste směs do mixéru nebo kuchyňského robotu a rozmixujte do hladka.
f) Vmíchejte karamelovou omáčku, dokud se dobře nespojí.
g) Před přenesením do sklenic nechte fíkovou marmeládu úplně vychladnout.
h) Uchovávejte v lednici a vychutnejte si svůj karamelizovaný fíkový džem na toastech, sušenkách nebo sýrových talířích!

KOKTEJLY A MOCKTAILY

89.Dalgona karamelové Frappuccino

SLOŽENÍ:

- 2 lžíce instantní kávy
- 2 lžíce cukru
- 2 lžíce horké vody
- 1 šálek mléka
- 1 šálek ledu
- 2 lžíce karamelové omáčky

INSTRUKCE:

a) V misce smíchejte instantní kávu, cukr a horkou vodu, dokud nezhoustne a nezpění.
b) V mixéru smíchejte našlehanou směs Dalgona, mléko, led a karamelovou omáčku.
c) Rozmixujte do hladka.
d) Nalijte do sklenice a podle potřeby pokapejte extra karamelovou omáčkou.

90.Slané karamelové bílé horké kakao

SLOŽENÍ:
- 4 šálky plnotučného mléka
- 5 uncí bílých čokoládových lupínků
- 3 lžíce karamelové omáčky
- ¼ lžičky mořské soli

INSTRUKCE:
a) Předehřejte svůj Multi-Cooker.
b) Nalijte čtyři šálky plnotučného mléka.
c) Přidejte pět uncí bílé čokolády, 3 lžíce karamelové omáčky a ¼ lžičky mořské soli.
d) Vařte přibližně 10 minut, poté přepněte Multi-Cooker na teplý stupeň.
e) Pomocí naběračky nalijte bílé horké kakao do hrnků na kávu.
f) Každou porci zalijte šlehačkou, kapkou karamelové omáčky a posypte mořskou solí. Užívat si!

91.Koktejl Baileys se slaným karamelem Martini

SLOŽENÍ:
- 100 ml irského slaného karamelového krému Baileys
- 3 lžíce karamelové omáčky (podle chuti)
- 50 ml vodky
- 100 ml smetany
- 2 hrsti ledu
- Vločky mořské soli
- Vločky, kudrlinky nebo doutníčky z tmavé nebo mléčné čokolády
- Jedlé třpytky a plátkové zlato

INSTRUKCE:
a) Pomalu nalijte nebo nalijte karamelovou omáčku kolem okrajů dvou malých skleniček na kupé a nechte ji okapat a pokapat.
b) Pomocí malého, suchého štětce přidejte na sklenice plátkové zlato.
c) V koktejlovém šejkru smíchejte Baileys Salted Caramel a zbývající karamelovou omáčku a promíchejte, dokud nebude hladká.
d) Do šejkru přidejte vodku, smetanu a spoustu ledu. Silně protřepejte, aby se karamelová omáčka rozpustila, poté směs přeceďte do připravených sklenic.
e) Na závěr koktejly posypte čokoládovými vločkami, jedlými třpytkami a libovolnými vločkami mořské soli. Užijte si svůj požitkářský koktejl Baileys Salted Caramel Martini!

92. Spálený karamel Manhattan

SLOŽENÍ:
- 2 unce bourbonu
- ¼ unce sladkého vermutu
- ¼ unce máslového pálenky
- ½ unce malinového Chambordu
- 3 kapky Angostura bitters
- 2 třešně

INSTRUKCE:
a) Začněte tím, že koktejlovou sklenici ochladíte ledem a vodou.
b) V šejkru ji naplňte ledem a poté přidejte všechny tekuté přísady.
c) Směs intenzivně protřepávejte po dobu přibližně 30 sekund. Protřepáním se v koktejlu vytvoří nádherné ledové vločky.
d) Ochutnejte směs, abyste se ujistili, že je podle vašich představ, poté ji sceďte do vychlazené koktejlové sklenice a podávejte „naostro".

93. Karamelové jablko Martini

SLOŽENÍ:
- 2 unce vanilkové vodky
- 1 unce kyselého jablečného likéru
- 1 oz karamelový sirup
- Led
- Plátek jablka na ozdobu

INSTRUKCE:
a) Naplňte koktejlový šejkr ledem.
b) Do šejkru přidejte vanilkovou vodku, kyselý jablečný likér a karamelový sirup.
c) Dobře protřepejte, dokud nevychladne.
d) Směs přecedíme do vychlazené sklenice na martini.
e) Ozdobte plátkem jablka.
f) Vychutnejte si osvěžující martini s karamelovým jablkem!

94. Karamelová bílá ruská

SLOŽENÍ:
- 1 1/2 oz vodky
- 1 unce kávového likéru
- 1 oz karamelový sirup
- 2 oz těžké smetany
- Led

INSTRUKCE:
a) Naplňte kamennou sklenici ledem.
b) Nalijte vodku a kávový likér.
c) Vmícháme karamelový sirup.
d) Pomalu nalijte hustou smetanu na zadní stranu lžíce, aby plavala na povrchu.
e) Podávejte a vychutnejte si svůj krémově karamelově bílý ruský!

95. Karamelové espresso Martini

SLOŽENÍ:
- 1 1/2 oz vodky
- 1 unce kávového likéru
- 1/2 oz karamelového sirupu
- 1 oz čerstvě uvařené espresso
- Led
- Kávová zrna na ozdobu

INSTRUKCE:
a) Naplňte šejkr ledem.
b) Do šejkru přidejte vodku, kávový likér, karamelový sirup a čerstvě uvařené espresso.
c) Dobře protřepejte, dokud nevychladne.
d) Směs přeceďte do vychlazené sklenice na martini.
e) Ozdobte několika kávovými zrny.
f) Užijte si své požitkářské karamelové espresso martini!

96.Soda se slaným karamelem

SLOŽENÍ:
- 2 unce karamelového sirupu
- 4 oz krémová soda
- 2 oz klubová soda
- Led
- Šlehačka na ozdobu
- Karamelová omáčka na ozdobu

INSTRUKCE:
a) Naplňte sklenici ledem.
b) Zalijte karamelovým sirupem.
c) Přidejte smetanovou sodu a sodu a jemně promíchejte, aby se spojily.
d) Navrch dáme šlehačku.
e) Šlehačku pokapejte karamelovou omáčkou.

97.Karamelizovaný ananasový rumový punč

SLOŽENÍ:
- 2 unce tmavého rumu
- 4 unce ananasové šťávy
- 1 oz karamelový sirup
- 1/2 oz limetkové šťávy
- Kolíček ananasu na ozdobu
- Maraschino třešeň na ozdobu

INSTRUKCE:
a) Naplňte koktejlový šejkr ledem.
b) Do šejkru přidejte tmavý rum, ananasový džus, karamelový sirup a limetkovou šťávu.
c) Dobře protřepejte, dokud nevychladne.
d) Směs sceďte do sklenice naplněné ledem.
e) Ozdobte měsíčkem ananasu a maraschino cherry.
f) Vychutnejte si svůj tropický karamelizovaný ananasový rumový punč!

98.Karamelové mocha Martini

SLOŽENÍ:
- 1 1/2 oz vodky
- 1 unce kávového likéru
- 1 oz čokoládový likér
- 1/2 oz karamelového sirupu
- Led
- Čokoládové hobliny na ozdobu

INSTRUKCE:
a) Naplňte šejkr ledem.
b) Do šejkru přidejte vodku, kávový likér, čokoládový likér a karamelový sirup.
c) Dobře protřepejte, dokud nevychladne.
d) Směs přeceďte do vychlazené sklenice na martini.
e) Ozdobte hoblinkami čokolády.
f) Užijte si své dekadentní karamelové moka martini!

99.Mojito z karamelizované hrušky

SLOŽENÍ:
- 1 1/2 unce bílého rumu
- 1/2 oz karamelového sirupu
- 1/2 oz limetkové šťávy
- 4-6 lístků máty
- 2 unce hruškové šťávy
- Sodovka
- Plátek hrušky na ozdobu

INSTRUKCE:
a) Ve sklenici smíchejte lístky máty s limetkovou šťávou a karamelovým sirupem.
b) Naplňte sklenici ledem.
c) Do sklenice přidejte bílý rum a hruškovou šťávu.
d) Nalijte sodovku a jemně promíchejte, aby se vše spojilo.
e) Ozdobte plátkem hrušky.
f) Vychutnejte si osvěžující mojito z karamelizované hrušky!

100.Karamelová jablečná prskavka

SLOŽENÍ:
- 2 unce jablečného moštu
- 2 oz zázvorové pivo
- 1/2 oz karamelového sirupu
- Led
- Plátek jablka na ozdobu
- Tyčinka skořice na ozdobu

INSTRUKCE:
a) Naplňte sklenici ledem.
b) Nalijte jablečný mošt a zázvorové pivo.
c) Vmícháme karamelový sirup.
d) Ozdobte plátkem jablka a tyčinkou skořice.
e) Užijte si svůj bublinkový a osvěžující maketa prskavky z karamelového jablka!

ZÁVĚR

Když se loučíme s "SVĚT KARAMELOVÉ ŠÍLENĚ", děláme tak s pocitem uspokojení a vděčnosti za chutě, které jsme si vychutnali, vytvořené vzpomínky a kulinářská dobrodružství sdílená cestou. Prostřednictvím 100 dekadentních dezertů a slaných jídel předvádějících všestrannost karamelu jsme prozkoumali nekonečné možnosti této oblíbené ingredience, od sladkých po slané a vše mezi tím.

ale naše cesta nekončí. Když se vracíme do našich kuchyní, vyzbrojeni nově nalezenou inspirací a uznáním pro karamel, pokračujme v experimentech, inovacích a tvoření s touto kouzelnou přísadou. Ať už pečeme várku sušenek, mícháme omáčku nebo dodáváme slanému pokrmu nádech sladkosti, ať nám recepty v této kuchařce slouží jako zdroj radosti a požitku po mnoho let.

A když si vychutnáváme každé lahodné sousto, vzpomeňme na prosté potěšení z dobrého jídla sdíleného s blízkými a na radost, která pramení z objevování nových chutí a technik. Děkujeme, že jste se s námi připojili k tomuto lahodnému dobrodružství. Ať jsou vaše kulinářské výtvory vždy sladké, vaše stoly vždy plné a vaše srdce vždy zahřeje kouzlem karamelu.

www.ingramcontent.com/pod-product-compliance
Lightning Source LLC
Chambersburg PA
CBHW070700120526
44590CB00013BA/1036